Drones at war: unmanned aircraft become warplanes

# 战争中的无人机

## 无人战斗机成长之路

〔美〕比尔·耶纳 (Bill Yenne) 著
丁文锐 刘春辉 李思吟 译

中国市场出版社
China Market Press

**图书在版编目（CIP）数据**

战争中的无人机/(美)耶讷著；丁文锐，刘春辉，李思吟译．—北京：中国市场出版社，2014.1

书名原文：Drones at war: unmanned aircraft become warplanes

ISBN 978-7-5092-1114-4

Ⅰ.战… Ⅱ.①耶…②丁…③刘…④李… Ⅲ.军用飞机—无人驾驶飞机—介绍—美国 Ⅳ.E926.3

中国版本图书馆CIP数据核字（2013）第150880号



| | | | |
|---|---|---|---|
| **出版发行** | 中国市场出版社 | | |
| **社　址** | 北京月坛北小街2号院3号楼 | **邮政编码** | 100837 |
| **出版发行** | 编 辑 部（010）68034190 | | 读者服务部（010）68022950 |
| | 发 行 部（010）68021338　68020340　68053489 | | |
| | 68024335　68033577　68033539 | | |
| | 总 编 室（010）68020336 | | |
| | 盗版举报（010）68020336 | | |
| **邮　箱** | 1252625925@qq.com | | |
| **经　销** | 新华书店 | | |
| **印　刷** | 北京九歌天成彩色印刷有限公司 | | |
| **规　格** | 170毫米×230毫米　16开本 | **版　次** | 2014年1月第1版 |
| **印　张** | 16 | **印　次** | 2014年1月第1次印刷 |
| **字　数** | 226千字 | **定　价** | 66.00元 |

# 目录
CONTENTS

# 概 述

当我们沿着历史脉络追寻无人机的成长之路时，会发现在十多年前的军事史记中无人机还仅以脚注的形式出现。纵然自第一次世界大战以来它的概念、实体就以不同的形式不断展现，但无人机的名字还远远谈不上家喻户晓。当盘点包括冷战在内的20世纪战争中所使用的重要航空武器清单时，几乎没有任何历史学家或者作战指挥官们会将无人机摆放在显赫位置。

虽然以色列和美国分别在20世纪80年代、90年代开始使用无人机在空中执行常规侦察，可是在21世纪已来临时，专门针对无人机战斗应用的研究还是少数并且仅仅滞留

右图：美国空军技术中士马特·马尔卡和空军工程技术服务教员马蒂·安德森（右），在内华达州克里奇空军基地修理MQ-9“收割者”无人机的发动机。（美国空军，兰斯·张摄）

上图：落日映照下的诺斯罗普·格鲁门广域海上监视（BAMS-D）MQ-4“全球鹰”无人机。（诺斯罗普·格鲁门）

在理论阶段。

纵然如此，伴随突至的全球反恐战争无人机遂行战斗任务的故事书写着全新的篇章。从2001年阿富汗战争中的“持久自由行动”开始，无人机所扮演的角色不只是重要，而是至关重要。并且基于人类文明发展进步的需求，无人机肯定会成为全球反恐战场上新型武器系统的标志。

如同20世纪军事飞机诞生时情景的再现，没有试验和使用经验，21世纪无人战斗机概念出现时人们不知如何使用。但是，突如其来的全球战争将尚未验证的无人战斗机概念推到战场舞台的中心。万事开头难，在20世纪的前十年中军事指挥人员们不知如何发挥飞机的真正作用，同样在21世纪初期无人机刚出现时除了用于侦察外似乎别无长处，能携带武器的无人战斗机对于大众来说还停留在概念定义阶段。除少数几国军方使用无人机作为靶标或情报侦察外，很少有人意识到无人战斗机的潜能。几十年来，甚至军用飞机的飞行员们都排斥这个主意。

早在1916年，美国国内发生的第一次战争中会经常涉及飞机的使用。其间，由约翰·潘兴将军指挥前往墨西哥追捕潘图·维拉，维拉是攻击哥伦布镇平民的政治恐怖分子。当然，与85年后的“9·11”袭击事件相比，新墨西哥州的恐怖程度是“小巫见大巫”。在追捕过程失败后，被迫用上破旧的JN-2“科特斯”侦察飞机，无论是复杂的天气还是高海拔的地形都限制了飞机的使用与效能发挥。可就在一年后爆发的第一次世界大战中，美国的军用飞机在西方前线天空上得以展现验证。

接着我们翻到了20世纪的最后日子中，联军对于巴拉干半岛上RQ-1“捕食者”所表现出的不屑和当年新墨西哥州的JN-2“科特斯”侦察飞机所受到的礼遇如出一辙。

可战争一开始，美国就突兀地使用未携带武器的无人机对敌军侦察与跟踪，被锁定在视频图像“十字框”内部的敌人叫嚣着“和捕食者作战！”

实际上，军事指挥人员对于无人机的认知也是从2001年开始发生了根本性的改变。而经过10年以后，无论是军队最高层的领导与规划官们，还是公众百姓都接受了将无人机用于现代战争的理念。

以安瓦尔·奥拉基事件为例，作为“自诩”的传教士、“圣战”的疯狂鼓吹者，自2011年5月本·拉登死后，奥拉基成为美国反恐的首要目标。因为他擅于用华丽辞藻鼓动人心，沙特阿拉伯电视台的新闻频道将这位技术狂热的恐怖分子称为“网络上的本·拉登”，奥拉基的父亲是在美国留学的也门人，而其本人是在美国出生，也门长大后返回美国的美籍也门裔

下图：2011年9月30日首飞中，诺斯罗普·格鲁门X-47B无人空战系统（UCAS）验证机按巡航配置并收起了起落架，有力证明了其成熟度和可用性。（诺斯罗普·格鲁门）

左图：2008年10月15日，丽贝卡·哈特菲尔德中士（左）——加州空军国民警卫队第26场站维修训练小组教员，向卡洛斯·巴雷拉（中）、亚历克斯·布什中士讲解MQ-1“捕食者”Rotax发动机的组件，他们是第163侦察联队的机组组长。（美国空军，瓦尔吉姆彼斯摄）

人。在美国的十年中，他漫无目的地混迹于多所大学间，并成为了一个穆斯林派激进分子。白天，道貌岸然地严格遵守着伊斯兰教规，连和女人握手都拒绝。但是到夜晚就截然相反，和妓女厮混在一起过着淫靡的生活，曾在圣地亚哥市因召妓而被捕。

2004年，奥拉基回到也门后加入阿拉伯半岛的“基地”组织，利用擅长美国语言和熟悉文化背景的优势成为网络上的激进分子。2009年，经证实他唆使哈桑在得克萨斯州胡德堡陆军基地谋杀了13人，以及圣诞节期间让阿卜·杜勒·穆塔·拉布采取无耻的“内衣炸弹”方式，试图炸掉美国西北航空公司的第253次航班。这使他成为美国打击“基地”组织行动的首要目标。

2011年9月30日早上，在首都萨那东部约100英里的也门北部焦夫省的马利卜沙漠，奥拉基穿越单调的灰色砾石山丘。和他同行的有“基地”组织英语互联网杂志《激励》的编辑萨米尔·可汗，和奥拉基一样他有在美国的教育背景，当然和奥拉基那天早晨的所处情形也一样，美国的无人机已盯住了他。

如同电影中的一个片断，这些人带着三帮同伙们，停下来准备吃早饭时发现晴朗的天空上方至少有一架MQ-1B"捕食者"在飞行。他们立即跳入车中试图逃跑，但是无法逃脱AGM-114"地域火"空对地导弹的"手掌"。

事后经也门国防部确认无人生还。其实，9年前的2002年11月4日，在这个沙漠上就演绎着相同的故事。也是在也门首都萨那东部约100英里的马利卜地区，一辆SUV四驱越野车正颠簸行进在蜿蜒的乡间小路上。车内六人中的两位是"基地"组织成员Qaed senyan al-Harthi和卡马尔·德威希。Al-Harthi也用"阿布·阿里"化名行动，是本·拉登在也门组织的头目，25个月前在也门自杀式袭击美国海军驱逐舰"科尔"号事件的幕后策划者之一，在那次袭击中有17名美国人丧生。德威希采用假名"艾哈迈德·希贾齐"移民到美国并成为美籍公民，在纽约州的拉克万纳领导"基地"组织的一个"潜伏小组"。当他们驶过马利卜的沙漠时6个"基地"组织成员可能正闲谈着他们对美国的伊斯兰圣战，他们也可能提及德威希团伙中5个被取消了美国国籍的也门人两周前在拉克万纳被联邦调查局拘捕的过程。

在匪徒上空一万英尺处，一架身形瘦长、灰白色的飞机正在以比他们的SUV稍快的速度飞行。通过这架无人机数据链路实时传输回来的视频图像，坐在位于吉布提约350千米外的某个控制中心，有个美国人已经监控这辆SUV有一个多小时了。

右图：引人注目的艺术概念图——MQ-8B"火力侦察兵"在美国海军两栖攻击舰（LHD）附近飞行想象。（诺斯罗普·格鲁门）

左图：安瓦尔·奥拉基是一个技术娴熟的恐怖主义招募者，在2011年5月本·拉登去世后成为美国解决恐怖分子的头号目标。2011年9月30日上午，安瓦尔·奥拉基和萨米尔·汗在也门被MQ-1B发射的AGM-114“地狱火”空对地导弹击毙。（基地组织照片）

突然一道火焰从这架缓缓飞行的飞机机翼上喷射出来，飞机带着云状尾迹迅速飞向地面的沙漠上。在六位匪徒还未来得及深思就这样草草结束生命时，他们应首先感到可怕的爆炸冲击着这辆SUV，随即被一团无铅汽油猛烈燃烧形成的火球所吞噬。他们甚至没时间去想一下，相比于2001年9月11日“基地”组织用高热量火球烧死大楼里的平民们，对于他们自身而言这是具有何等讽刺意味的人生结局。

2002年11月4日的袭击行动并不是无人机在战斗中的第一次应用。“捕食者”无人机在一年前的阿富汗战争期间就已经装备了“地狱火”导弹，在2001年11月除掉本·拉登最重要亲信穆罕默德的行动中扮演了重要角色，2002年的袭击行动只不过是第一次广泛报道且由“捕食者”单独实施袭击重要目标的行动，这也是第一次公开的武装“捕食者”在阿富汗战场之外袭击作战目标的行动。

这个武装“捕食者”是第一架在实战中用于攻击的美国无人机，但美国国防部自20世纪90年代中期就开始致力于一系列全新无人作战飞机的研究。最初计划是无人作战飞机到新世纪第一个十年末期可投入使用，可“9·11”事件发生了，美国军方发现他们在阿富汗追捕目标时正需要启用像“捕食者”类型的武器平台。

对于2011年9月的打击事件，美国总统奥巴马说，“奥拉基的死对‘基

上图与左图：隶属于第380远征行动小组的RQ-4“全球鹰”无人机在阿联酋德哈法空军基地起飞前，美国空军维修技术人员做飞行前检查。（美国空军，安迪·M.金上士摄）

地’组织最活跃的分支是一个沉重的打击。他曾组织策划并指挥杀害无辜美国民众的行动，他曾一再唆使在美国及世界各地的人员为推行一种血腥的信条去滥杀无辜的男女老少。但毫无疑问，这件事进一步证明，武装无人机使得‘基地’组织及其同伙在世界上任何地方将没有藏身之处。”

“奥拉基”事件确实说明了武装无人机能阻止“基地组织”和其分支再找到安全藏匿之处。

曾为F-15有人机飞行员、第11侦察中队的劳伦斯·斯皮内塔上校认为，“在高科技密集的空中力量中，无人战斗机会成为其中的佼佼者。”当历史进入21世纪的第二个十年时，战争演变到他如上所述的场景。

在技术和战术的长期演变过程中，无人机在战争中得以应用。而步入21世纪以来，无人机的发展尤为突飞猛进，超乎了人们的想象。

# 致读者

多年来，已有过许多术语来描述21世纪后家喻户晓的无人机。在20世纪中期后的二十多年中，无人机被称为远程遥控飞行器（RPV）。到20世纪末，正式命名为无人驾驶飞行器（UAV），本书采用后者。

20世纪90年代，也有官僚们将无人机戏谑地称为“无人居住”（Uninhabited）的航空飞行器，以讽刺没有待在飞行器中的无人机地面飞行员们称不上是真正的“英雄”。这个观点也就昙花一现，究其原因是质疑者认为无人机航空器并非真正是“无人居住”。

新世纪初时考虑到无人机是一个复杂系统，美国国防部开始使用UAS术语，表示无人空中系统（Uamanned Aerial System）或无人飞行器系统（Uamanned Aircraft System）。“系统”这个宽泛的内涵中不但包括飞行器，还包括地面控制、维修和相关的支持保障设备。UAS尚未被行业内部和媒体界完全认可，尤其是在需要特指飞行器平台的情况下。在本书中很少使用UAS，只有和UAV同时出现时配合使用。

UCAV（Unmanned Combat Air Vehicle）术语来源于一个特定的项目，但已成为无人战斗机的通用术语和缩略语。2003年，国防部使用联合无人空中作战系统（J-UCAS）以替代UCAV。2006年J-UCAS计划终止了，虽然J-UCAS对战斗机的定义被看做未来无人战斗机的标准，可UCAV成为无人战斗机的通用表示，而J-UCAS仅仅是一个已经取消项目的短暂表示。

在媒体中，术语“drone”是指不能自主飞行依赖外部控制的无人飞行器。和RPV、UAV一样，很多情况下可用来表示无人机。当越来越多无人机的自动化操纵能力逐步提高时，仍然用“drone”来描述它就有欠精准了，但它已被公众所接受，这个术语可通用表示没有搭载飞行员的飞行器。

# 1 早年萌发的无人机

远程遥控飞机可追溯到数个世纪前的某一天，列奥纳多·达芬奇或者某位同他一样的飞行器爱好者，发明了手持的带翼装置并用手腕抖动来操纵飞行。到了19世纪初期，威廉·亨森和约翰·斯特林菲洛两人电焊出带翅膀的飞行机器，想制造一个使用蒸汽发动机搭载一人甚至数人飞行的飞行器。但从他们制作出的小模型来看，这些人实际上就是无人机的开拓者。

20世纪早期，威尔伯和奥维尔·赖特证明了带动力、比空气重的飞行器能够载人飞行。此后，远程遥控飞机开始边缘化，一度沦落为玩具和娱乐用品，比如纸滑翔机、橡皮筋动力的小模型飞机。当时“认真”的航空

右图：“凯特林小飞虫”是现代无人机和巡航导弹的先驱。由美国俄亥俄州代顿市的查尔斯·凯特林设计，本打算在第一次世界大战期间使用，1918年10月2日进行了首飞，可是在可用于战争之前，一战就已收场。发射后小型机载陀螺仪可引导飞机到达目的地，控制系统包括气动/真空设备、电气设备和一台无液气压/高度表。到二战时，“凯特林”才公众于世。（比尔·耶讷摄）

上图：无线电飞机RP-4型，命名为OQ-1，1939年11月首次交付美国陆军航空队使用。它是这类无人机的先驱。二战期间的亮相在史记上以脚注出现，为无人机赢得过短暂的名声。雷吉·丹尼将这些无人机中的50架交付给航空队后，接着签署了更多的OQ-2及相似机型的订单。（由作者收藏）

者们自认为有人驾驶、有人乘坐的才是飞机的真谛，的确如此吗？

无人机被航空界摒弃的另外原因是实现远程控制所带来的技术挑战。玩具飞机可通过纸飞机翅膀的上下翻动完成一个迷人的飞行动作，但只能持续数秒钟都谈不上数分钟。在“列奥纳多”生活的时代，导引只能依赖地面“飞行员”的手腕动作。

在讨论UAV或RPV时导引（Guidance）是个关键词语，是无人机有别于其他抛射飞行器的主要特征。神射手可用步枪子弹射击远处的目标，以及炮射手可计算飞行轨迹，对地平线以外目标精准打击。但是，在两种应用中子弹和炮弹的运动轨迹由物理学决定，在运动过程中无法改变。

真正高水平的纸质飞机发明者是使用航空动力学，如他们所说基本上或者大部分是依赖于手腕的运动，而不是弹道学来控制着飞机的运动轨迹。新世纪来临之际，基于无线通信技术的发展应用，人们逐渐意识到无人机飞行过程中是可以如何传输控制数据的。事实上，在19世纪末的玩具飞机中就已实际采用了无线通信传输技术。

作为航空科技发展的故事之一，无人机在第一次世界大战期间跨出了历史性的一大步。就在1914—1918年间许多航空技术诞生，其潜力足以勾勒出20世纪之后的发展之路。

远程遥控飞机的发展依赖于发动机和无线通信导航技术两方面的进步。从莱特兄弟和他们的载人飞机看，不乏天才的工匠和发明者能解决大型无人机飞行平台的技术难题。一战时期的英国人哈利·福兰德就制造了一个平台，而A.M.Low教授进行了电视制导试验并制造了无线控制的火箭，美国的D.F.Buck博士制造了使用活塞发动机的双翼飞机，命名为AT“航空鱼雷”。

同时，德尔科公司的查尔斯·凯特林制造了一个类似的飞行器，名为“臭虫”(Bug)。飞行距离60英里，在那时是相当领先的。和其他飞机不同之处是可回收复用，它也得到政府一大笔资金支持的合同。1918年，美空军部门采购、试验了很多架 “臭虫”后打算用在战场上，其可谓现代巡航导弹的先驱。但是，战争停止后该项目便搁置起来。

在20世纪20年代，英国皇家航空研究院制造、测试了命名古怪的“喉”(Larynx)，它是采用Lynx发动机供电、作用距离为100英里的单翼机。此架无人机的大多数试验是在伊拉克的沙漠中进行，21世纪时无人机在此名声远扬，这样的巧合不知人们会给出何种答案。

右图：名为TDD-1（Target Drone, Denny）的海军无线电飞机，相当于空军的OQ-2。而TDD-2大致相当于OA-3。图为1945年5月美国 “怀俄明”号战列舰上的一架舰载TDD-2。（美国海军）

上图：好莱坞明星雷金纳德·丹尼，模型飞机爱好者，美国第一代无人机—无线电飞机的创始人。（由作者收藏）

“臭虫”和“喉”项目都没有后续进展。虽然它们是现代无人机思想的源泉，但无人机家族的根基直至十年后才开始建立。一战后的20多年中，航空界的现状是很多私人的制造商苦于经费有限而无法实现很多想法，因而涌现出大量的小型公司，除生存下来成为工业巨头，其余的就淡出消失了。当展望无人机的未来发展时，我们会情不自禁地沿着脉络追溯它们的起源。

如前所述，20世纪早期有人驾驶飞行器兴起后，远程遥控飞机就成为玩具。一战后，虽然飞机平台技术更为成熟，但远程遥控飞机发展趋势仍然不变。无线通信控制时代到来后，涌现出一批无线电控制（RC）飞机爱好者。

值得一提并令人深思的是，无线电控制爱好者而不是飞机迷们奠定了无人驾驶飞机的基础。追溯无人机的起源，是以一个相当不可思议甚至连好莱坞电影都无法接受的故事素材开始。但是，它的确发生在好莱坞。

第一代无人机有着身份不可思议的“开山之父”，他是B级电影明星L.D.丹尼。他1891年出生在英国，一战后移居美国，1919年其形象第一次在好莱坞电影中出现。随后的20年代中，他以果敢、现代的形象出现在近24个无声电影短片中。随

右图：大约20世纪50年代，一架BQM-34“火蜂”发射时的情景。（诺斯罗普·格鲁门）

上图：美空军第99战略侦察中队在越南使用的瑞安公司“火蜂”无人机。在越南边和空军基地，包括配置为低空日间摄像的147J型（左）；用于高空任务的航程扩展型147H（后）；147G型，实际上是一架基本147B型加装了一个更大的发动机（右）；还有一架147NX型，用作诱饵或日间中空拍摄侦察。（由作者搜集的阿尔·劳埃德摄影作品）

着有声电影的出现，在画室喜剧中他扮演了很多典型英国人的角色，如30年代后期派拉蒙的长系列“名媛双胞案” 电影中出演阿尔吉农·沃思。

当他不在影棚时，丹尼沉迷于无线电控制模型飞机并在好莱坞的林荫大道开设了爱好者商店。1934年，创建了丹尼工业公司生产模型飞机。如同30年代的许多全尺寸飞机制造者一样，这位模型飞机制造者期望他的飞机能够在军事上应用。一年后，他成立了无线电飞机（Radioplane）公司来制造较大的RC飞机，12英尺翼展的RP-1生产出来后，在美国空军展示但并未引起兴趣。

1938年，丹尼开始和小发明爱好者沃尔特·赖特合作，赖特是位于帕萨迪纳市的加州理工学院学校毕业生，在位于距好莱坞以北半小时路程的柏班克（Burbank）制造厂里研制着小型活塞发动机。于是，一个较为复杂的飞机模型诞生了，名字为“小丹尼”。

1938年年初，美国空军本打算再去看一次。但结果来的不是空军而是

上图：基于“罗盘箱”项目的2架AQM-34M“水牛猎人”无人机，分别悬挂在DC-130的2号和3号挂架上。（由作者搜集的阿尔·劳埃德摄影作品）

炮兵部队麦克阿瑟要塞的C.M.Thile上校。距离好莱坞以南约半个小时路程的圣佩德罗，要求丹尼进行一次展示。从中，Thile看到RC模型飞机作为高炮射击手训练靶标用的价值。1938年5月，丹尼和赖特被叫到位于俄亥俄州怀特基地的航空陆战队研究开发中心，并获得了一份合同制造用于空中靶标的3架RC试验飞机。40年代，空军陆战队授予RC公司制造很多无线电控制靶标飞机的合同。丹尼在柏班克附近的范奈司开设了工厂来生产飞机，赖特作为项目的主工程师。不久后，赖特回到他自己的公司，但是在1945年赖特公司合并到无线电飞机公司。

下图：1966年4月1日在越南边和空军基地，瑞安147J型“闪电虫”无人机悬挂在第99战略侦察中队的DC-130A的3号挂架上，进行低空日间照相工作。（由作者搜集的阿尔·劳埃德摄影作品）

上图：BQM-34“火蜂”装载在DC-130上飞往伊拉克上空，携带了写给萨达姆·侯赛因的手写消息，对于他来说其中也隐喻着其他含义。（诺斯罗普·格鲁门）

起初，空军计划使用字母“A”表示RC航空靶标无人机。1942年起，空军发现存在明显的冲突，因为攻击机也使用字母“A”表示，于是使用“Q”来表示所有无人机或者“drones”，无论是无线电控制或还是远程控制的。起初时，想把“drones”命名为“OQ”（Observation drone），意味着地平线上视距内依赖目视控制。

美国空军订购的首架RP-4无线电模型飞机命名为“OQ-1”，而RP-5模型系列被命名为“OQ-2”，都由一个6.5马力的莱特发动机提供动力。

即使在美国参加二战前的1941年12月，所有型号的无人机订单数量就已迅速增长。对于丹尼和他的无线电飞机公司，意味着有数千架飞机订单。到1942年，无线电飞机公司的范奈司工厂实在无法承受大量涌入的订单数，于是空军让伊利诺伊州的Fankfort Joliet滑翔飞机公司生产了大量基于RP-5设计的飞机。不同批次产品的细节差别综合后，形成了OQ-14型号，但没有进行大批量生产，许多无人机以“TD”目标靶机命名交付给美国海军。战争期间，无线电飞机公司制造了8550架无线电控制飞机，大多

上图：在无人机气动与结构测试（DAST）项目试验中，技术人员将BQM-43“火蜂II”无人机安装在NASA的B-52B的机翼挂架上， DAST项目中加装改进型机翼的无人机在1977—1983年间进行科研飞行。在“火蜂II”72-1564首飞后，它便配备了检测标准翼（也称为“蓝色条纹”翼）。 1979年3月7日，因用于回收的HH-53直升机发生了的机械故障，“火蜂II”的首次自由飞行试验在发射前中止。2天后，第二次飞行成功。（NASA）

数为OQ-13和OQ-14，而Frankfort制造了3种类型共计5429架。

美军第一代无人机的机身长从8英尺8寸到9英尺3英寸，翼展从OQ-2的12英尺3寸到OQ-14的11英尺6英寸。加入更大的发动机动力后，速度从85英里/小时增加到140英里/小时，OQ-14的发动机为22马力。每种类型大约有1小时的持续飞行时间。

战争中也进行了许多带翼无人飞行器的试验。德军制造使用了世界上第一个巡航导弹“菲施乐”103（Fi.103），用德文的首字母表示为“V-1”。1944年夏天，喷气式V-1在英格兰南部形成了严重威胁，但它们仅仅是恐吓武器。因缺少精确制导，它们不能攻击特定的目标。

与此同时，美国也尝试了战时的巡航导弹。包括基于V-1的“共和国”JB-2/KVW-1 “恶棍”（Loon），以及诺斯罗普的JB-10“蝙蝠”的概念样机。同样因为精确制导问题，二者都没有投入使用。实际上，至少在三十多年的时间内都处于进退两难的局面，精确制导问题一直制约着巡航导弹的应用。但该瓶颈一旦问题解决，无人飞行器很快就开辟了21世纪时崭新的世界。

美空军研制了一类混合秘密武器，如同普通有人机一样起飞、但当飞行员跳伞离开飞机后就变为纯粹的巡航导弹，并将控制权转交给另一架飞机上的飞行员远程导引着朝目标单向飞行。这些制导炸弹武器以“Q”表示无人机、“B”表示轰炸机，在二战期间时生产了一系列产品。大多数是小型单引擎飞机，BQ-7“阿佛洛狄忒”能力大约相当于24个B-17轰炸机，BQ-8“铁砧”可替代几个B-24和PB4Y-1“解放者”。“铁砧”和“阿佛洛狄忒”都是飞行员驾驶朝着目标区飞去，装载着25000镑的烈性炸药，BQ-8可能是史上非核能武器中载荷最大的巡航导弹。1944年8月BQ-8首次飞行，目标是轰炸法国加来附近的一个德国V-3武器“超级大炮”武器点，由前美国驻英国大使的小儿子、约翰·肯尼迪总统的哥哥约瑟夫·肯尼迪中尉驾驶。飞行中发生了事故，当肯尼迪点火准备投放BQ-8时走火炸药在半空爆炸了。这次惨烈的伤亡，是令肯尼迪家族半个世纪诸多系列痛

左图：DAST-2，一种改进的BQM-34“火蜂II”无人机，在NASA德莱顿飞行研究中心的机库进行校准。第一架DAST无人机失事后，项目人员为第二架火蜂II（序列号#72-1558）配备了新制造的ARW -1（ARW -1R）型机翼。1982年10月29日DAST-2 在B-52上完成一次系留挂飞，接着在11月3日完成放飞自由飞行。1983年1—2月，计划3次B-52的发射试验由于各种问题都被迫中止。在此之后，该项目将运载母机改为DC-130A。1983年5月进行了两次的挂飞飞行，1983年6月1日首次尝试从DC-130母机上发射投放了DAST-2，但回收系统在没有收到指令的情况下突然点火。其后，降落伞从飞机上断开，DAST-2在哈珀干湖附近的农田中坠毁，被笑称为“苜蓿地冲击试验”。（NASA）

上图：翼下装备了挂架的2架空军BQM-34“火蜂”，注意位于旁边的是空对地武器炮。（诺斯罗普·格鲁门）

心事情中的第一桩。事故3周后，BQ-8成功地摧毁了在黑尔戈兰岛的德国基地。

二战期间，美国并未制定上千架无人机的使用战术。只是执行单程任务，或者作为巡航导弹自杀性轰炸，或者作为目标靶机消耗敌方地面火力。

即使术语“drone”本身暗指这些无人机可以像蜂巢昆虫一样行动着，通过远处的飞行操纵员进行外部控制，如同群居在蜂巢或蚁穴的昆虫，通过伙伴的信息指引回到住所。但直到后来，人们才由此想到“集群”观测使用的战术手段。

二战后，空军于1947年从美国军队分出独立后，基于高性能、远程驾驶无人机开发出第一代带翼巡航导弹。经过几年，基于德国的V-2研制出了垂直发射弹道导弹。包括短距离战术导弹B-61“马丁”（后来的TM-61）、B-76（后来的TM-76），以及诺斯罗普的洲际导弹B-62“蛇鲨”（后来的SM-62）带翼巡航导弹。

同时，美国空军创建了一个无人机分部，启动了以靶机为主的系列远程无人机。50年代时主要以字母“Q”来命名，1962年将“Q”降级仅作为命名的前缀，1977年国防部正式重新采用字母“Q”来命名无人机。

Q–1靶机的原型机是由无线电飞机公司制造，采用脉冲式空气喷气发动机推进，由道格拉斯的B–26（前身是A–26）投放。配备起落架使得靶机能重复使用，在计划终止前只制造了28架试验机XQ–1，但后来项目演变为GAM–77“十字弓”空基反雷达导弹。XQ–1A长20英尺，XQ–1B长18英尺4英寸，都是翼展为14英尺5英寸的直机翼。作为无线电飞机公司的作战用飞行器，大约有1小时的留空时间。

下图：BQM–34“火蜂”发射中。（诺斯罗普·格鲁门）

左图：F-16发射的空空导弹摧毁BQM-34“火蜂”靶机的艺术想象图。（诺斯罗普·格鲁门）

## 战后成长起的无人机

1948年，瑞安Q-2“火蜂”成为美国20世纪最成功的喷气推进式无人机，随后几十年来共生产了6500余架。

1898年，T.C.瑞安出生于堪萨斯州，一战期间在空军学习了飞行驾驶技术，1922年搬迁到加州的圣地亚哥市，1934年在那里创办了名下诸多公司的第一家瑞安公司。他开办航空公司和飞行学校，并制造飞机。其中，最著名是“瑞安NYP”，即由查尔斯·林德伯格创造名为“圣路易斯精神”的飞机。二战时，基于战前的ST运动飞机模型，瑞安生产了1000多架以PT-20和PT-22编号的初级教练机。在战争后期，随着喷气发动机技术的发展，瑞安为美国海军制造了首个基于活塞和喷气混合的飞机，虽然只生产了69架，但从此瑞安开始了喷气式飞机的研制。

喷气式无人机的设计初衷是用做地对空、空对空射击的靶标。1951年初XQ-2首飞后，“火蜂”开始大规模生产。在装备编号上，空军称之为“Q-2A”而海军为“KDA-01”。机身长17英尺3英寸，后掠翼的翼展长11英尺2英寸，配备“大陆” J69或者“仙童”J44涡轮喷气发动机，最大飞行速度0.9马赫，飞行作用距离400英里，航时正好1小时，可在50000英尺上空飞行。

使用时可空中投放或者由X102固体火箭助推喷气式发动机发射。和二战时使用的遥控飞机不同，没有安装跑道上着陆用的起落架，但配备了可远程操控的降落伞。

1958年12月，较大型的Q-2C“火蜂”（瑞安124型）进行了首飞。22英尺11英寸长，翼展12英尺11英寸，配备有改进的“大陆”69发动机，800英里的作用距离（Q-2A的2倍），可在60000英尺高空飞行。和Q-2A一样飞行速度接近超音速，发动机进气口可能是它的明显特征，看起来就好像尖

下图：飞行中的BQM-74F “石鸡”靶机的艺术想象图。（诺斯罗普·格鲁门）

上图：DC-130A母机机翼下的BQM-74“石鸡”。（诺斯罗普·格鲁门）

长鲨鱼鼻子下大笑的嘴巴。

1962年，Q-2C生产2年后，国防部命名体系重新调整。无人机标志“Q”和导弹标志“M”组合作为导弹的编号（1997年再次用“Q”命名无人机，捕食者作为新的Q-1）。调整后，空军的Q-2C成为BQM-34A，海军的KDA-1、KDA-2“火蜂”分别编号为BQM-34B和BQM-34C。美国陆军用的“火蜂”编号为BQM-34D。在此处，“B”指从多种平台发射的特定飞行器，而不是轰炸机。

到60年代中期时“火蜂”改进的下一型为超音速的瑞安166，1965年由海军以“BQM-34E”编号订货，官方命名为“火蜂II”。1968年1月首飞，1972年投入使用。1969年，美空军以“BQM-34F”编号订购“火蜂II”，它和“BQM-34E”类似但伞降时由半空中的直升机捕获回收，这种工作方式在1971年进行了首次试验。

“火蜂II”长29英尺2英寸，翼展8英尺11英寸。配备“大陆”J69-T-406涡轮喷气发动机，最大飞行速度1.1马赫，飞行作用距离近900英里，升限60000英尺。航时超出1小时，通过保形外部油箱可加大作用距离，但是速度需控制在1马赫内。1980年停产前，生产了50架“火蜂II”。

“火蜂”起源于目标靶机并得以一直使用，也是最早大量应用的可回收无人侦察机之一。60年代时美国空军在侦察机、靶机以外，进一步扩展无人机的用途。

早在1959年瑞安就进行了将“火蜂”用于侦察的试验。1960年，苏联上空的U-2和RB-47“间谍飞机”伤亡率高，美国空军和CIA就此进行了商议，“火蜂”雷达散射面积小、无飞行员伤亡风险的特点引起了关注，在代号为“火萤”计划的支持下，美空军在1961年订购了“火蜂”改型的侦察机。

瑞安增加了导航、侦察和附加的燃油设备后，改型为BQM-34A。在1962年4—8月进行了首飞，民用代号为147A而军用官方名为“闪电臭虫”。显然，“闪电臭虫”没能在前苏联飞行，但是1964年夏天，在中国南海地区系列任务中承担了一小部分工作。

1964—1975年，“闪电臭虫”在东南亚地区广泛地使用着，由美空军和CIA共同管理，CIA负责特定设备包装箱的设计与管理。同时，美海军使用编号为147SK的“火蜂”无人机。1969年1月至1970年6月，海军的“臭

下图：从两栖攻击舰“拳击手”号（LHD 4）升起准备发射的2架BQM-74E靶机。（美国海军）

左图：洛克希德高性能D-21无人机的工厂照片。（由作者收藏的作品）

虫”在中国南海上空飞行，由火箭助推器发射从美国“骑兵号”航空母舰起飞。

在东南亚地区部署的前三年，大多数“闪电臭虫”用于完成高空侦察任务。其中，1964年8月至1965年年底由147B型完成，其机翼增大并进行了特定的更改。后来改为机翼更大的147G，一直使用到1967年8月，上述两种型号完成了161次任务。同期的1965年至1966年，CIA的147D和147E用于执行了为数不多的电子侦察任务。

空军的“闪电臭虫”分配到了战略空军司令部的第100战略侦察联队。1968年秋天，空军使用编号AQM-34替代BQM-34，用于特指在东南亚使用的侦察机。

在战场上使用的“闪电臭虫”最早以AQM为前缀命名的是AQM-34，是继早期的“战斗天使雷达干扰”计划后，在空军的“罗盘箱”、“水牛猎人”计划支持下生产并部署应用。有人歼击机进入敌领空时，由AQM-34G在前面进行电子对抗、投放雷达干扰箔条进行掩护。编号为“AQM-34K”执行夜间侦察的“臭虫”，在1968年11月至1969年10月共飞行了44次。

“闪电臭虫”由DC-130A、DC-130E母机投放，至少15架是由洛克希右图：飞行中的洛克希德D-21“标签板”无人机的仰视图，从一架F-104护卫飞机上拍摄的精品之作。1966年春季，成功地在M-21上完成了3次发射。（由作者收藏的作品）

德的C-130“大力神”运输机改装而成。母机投放后可伞降回收，在1969年以后有时采用直升机半空回收系统（MARS）回收。

1967年后，“闪电臭虫”大多数在低空完成照相侦察任务。可在500英尺的危险空域低空飞行，等高炮射击手发现时它已经扬长而去了。1969年1月至1973年6月，空军“罗盘箱”、“水牛猎人”计划下生产并部署应用的AQM-34L执行1773次低空飞行任务，大多数是照片侦察，只有1972年6月后的121次任务中进行了实时电视成像，这使得AQM-34L无人机足以成为21世纪无人机家族的鼻祖。

21世纪侦察机耀眼之处是具备获取及时信号情报能力。在20世纪60年代中期，在名为“大学眼”、“大眼”行动中，洛克希德的EC-121“星座”上安装了空中指挥控制中心设备（AWACS的前身），与其他电子战系统联合执行任务。如同今天AWACS的任务，在东京湾上方巡逻、监视北越的无线电信号。对于非武装的有人机来说，如此近距离靠近是危险的。当一架EC-121失事后，美空军决定使用无人机。“黎明行动战”计划促使了特殊配置的电子侦察用AQM-34Q无人机的生产。在1970年1月至1973年6月，飞行了268次，提供了实时电子情报。

1973年《巴黎和平协定》形成后，美国结束了在越南的大规模军事行

上图：“罗盘箭”项目下基于“火蜂”的瑞安154型无人机，该项目衍生出AQM-91“萤火虫”无人侦察机。该机型进行了大量的试验飞行，可惜在步入使用生涯前，被新诞生的侦查卫星淘汰。（由作者收藏的作品）

动，可是“闪电臭虫”继续在越南进行监视。到1975年4月时，北越成功攻克南越后，AQM-34M（147H）进行了共183次低空实时成像侦察任务。而在早期的1967年3月至1971年7月，进行了138次高空照片侦察任务。AQM-34M偶尔也会在200英尺的低空行动。

当“黎明行动战”电子侦察用的AQM-34Q型号被淘汰后，由更大侦察范围的AQM-34R代替，在1973年2月至1975年6月飞行了216次，成功率达到97%。

在“捕食者”无人机用于全球反恐战争的30年前，为在东南亚地区执行任务，美空军用“火蜂”和“闪电臭虫”进行试验。在1971年的“拥有柠檬”计划下，“火蜂”装备了各种类型的弹药武器，包括休斯AGM-65“独行者”对地攻击导弹、罗克韦尔的GBU-8“短粗”滑翔炸弹。1971年12月14日，通过美国爱德华空军基地飞行测试中心的第6514测试中队操作的“火蜂”无人机，首次进行了5次空对地导弹发射，“独行者”直接击中了停在测试场的废弃雷达车。一周后的“独行者”试验以及1972年2月进行的2枚“短粗流浪者”试验中，“火蜂”也成功完成任务。

“独行者”、“短粗流浪者”和“火蜂”一样都是光电制导，意味着控制人员可以在远处控制站像在飞机上一样观看全过程。当武器发射后，可以把显示屏从飞机显示切换到武器显示，并引导控制它以击中目标。

在基本原理上，到1972年5月的第一阶段“后卫行动”时无人机和空对地武器是满足需求的，但是一直未实施。因为“拥有柠檬”计划中无人机针对的最危险、最有价值的地面目标，而就1972年的成像技术让操作人员在短时间内识别高伪装目标并采取行动是很困难的。

但是，就作为侦察平台而言，“火蜂”和“闪电臭虫”成绩突出。在美国战争记录史中，20世纪无人侦察机的作用是显著的。不损失一名飞行员，“闪电臭虫”深入了许多危险的地方。1964—1975年，在东南亚地区飞行了3435次，超过半数以上是AQM-34L。

“闪电臭虫”在伤亡前平均执行任务7.3次，而绰号为“熊猫”的AQM-34L成功执行任务67次，在第68次任务中失事。一些任务成功率较高，正如预期那样，半数以上“闪电臭虫”是作为诱饵，尤其在危险的夜间任务时出现事故。在早期的高空飞行作战中，也只有60%能成功返回，但后来的低空飞行作战中，成功率都能高达90%以上。

1975年结束了在东南亚的最后行动，美国空军暂停使用它们进行侦

下图：波音YQM94“鸥”的机库中照片，为美国空军“罗盘帽”项目中制造的为波音901型。（由作者收藏的作品）

上图：YQM94“鸥”的停机坪视图，波音公司参与空军“罗盘帽”评估项目的无人机。（由作者收藏的作品）

察，虽然其他试验还在进行。空军修订了早期的“战斗天使”计划，授予合同改造60架已有的“闪电臭虫”无人机，加装电子雷达干扰器和AN/ALE-38箔条播撒器，加上工厂的16架新飞机命名为AQM-34L。1976—1978年进行了测试，但后来停止了服役。

其他在越南战争时幸存下来的无人机一样长期存放，或继续作为导弹研制测试用的靶机。大约33架无人机被送到以色列空军，名为Mabat。在1973年“赎罪日战争”中，这些无人机作为诱饵成功地转移了敌军有人轰炸机的防空火力。20世纪70年代后，以色列一直使用无人机进行侦察。

“火蜂”的生产持续至1982年，在1986年里根政府时，生产了命名为BMG-34的其他飞机。同时，1969年瑞安航空被特里达因公司收购后，成为特里达因·瑞安公司。30年后，在1999年时特里达因·瑞安成为诺斯罗普·格鲁门公司的一部分。

2003年，在首次参加战争的40年后“火蜂”再次回到了战场。作为优秀作战生涯的谢幕式表演，在伊拉克“自由行动”的开始时出场。战争打起的头一个夜晚，在伊拉克上方播撒金属条，掩护巡航导弹和执行打击任务的有人机深入伊拉克内部的巴格达和其他目标区。

当提及20世纪60年代无人侦察机的代表“闪电臭虫”时，盘点无线电飞机公司发展的系列无人机很有必要，毕竟无线电飞机公司是作战使用无人机的诞生地。诺斯罗普公司在1952年收购了无线电公司，重新命名为“文图拉”分公司。1953年，开始从事超音速喷气推进无人机Q-4工作，XQ-4A长33英尺，翼展11英尺1英寸。1961年首飞，Q-4B机长增加了28英寸，翼展加长了19英寸。两种类型共制造了25个样机，还没有投入使用项目就被终止。

10年后，诺斯罗普的文图拉分公司设计出了NV-105模型，作为空中靶机以满足海军高射炮或导弹训练之需。1964年为三角翼设计，一年后被直翼的NV-105A替代。海军以“MQM-74A”编号生产订货，使用威廉姆斯的J400-WR-400涡轮喷气发动机，在船上由火箭助推系统发射，机身长11英尺4英寸，翼展5英尺7英寸，飞机重425镑。1968年，在丹尼去世后的第2年，首架飞机交付海军。

下图：1974年前后的YQM98A“燕鸥”，特里达因·瑞安公司参与空军“罗盘帽”评估项目的无人机。（由作者收藏的作品）

MQM-74无人机正式名字为“石鸡”，因在美国中西部地区发现和地面居住的一种鸟而得名。和名字恰恰相反，MQM-74A和之后的所有“石鸡”都能在40000英尺的高空上展翅飞翔。

“石鸡”是不对外主动发射通信信号的无源飞机，地面飞行员必须目视或者通过雷达才能跟踪上飞机。如果一架飞行器在执行任务时需要回收，要远程操作降落伞进行回收。

改进的MQM-4B进行试验后没有大批量生产。但是，1974年海军开始采用MQM-74C“石鸡II”，长12英尺8英寸，翼展5英尺9英寸，近500镑重。比MQM-74A超出一半多的作用距离，接近400英里。采用J400-WR-401涡轮喷气发动机最高速度575英里/小时，相对早期产品有突破性的进步。

同期，诺斯罗普在20世纪80年代继续美海军提供了一大批也称为“石鸡III”的BQM-74C，被诺斯罗普用来作为出口机型的基本表示。1984年最

下图：1991年，在进行沙漠测试的麦道公司“天空猫头鹰”。（由作者收藏的作品）

上图：1992年1月，麦道公司的“天空猫头鹰”在试飞中。（由作者收藏的作品）

早供给NATO的欧洲国家，世纪交替之际在法国、西班牙、英国，以及日本、中国台湾和新加坡等地仍然使用，诺斯罗普公司为国际客户生产了超过1150架“石鸡”。

BQM-74C“石鸡III”翼展和之前的一样，长12英尺11英寸。增加了一个可选择、用于侦察的机载视频系统，飞机具有空中和地面两种发射方式，更加轻便且空中发射的机型作用距离超出500英里。和“火蜂”一样，“石鸡III”通过洛克希德的DC-130母机投放发射。据报道，在1991年的“沙漠风暴”行动中，美空军“大游猎”组负责将“石鸡III”和“火蜂”一起作为诱饵机，继F-117隐身战机、巡航导弹后，每3个成一组从地面发射转移敌军第二轮的防空力量。

70年代末，美空军和陆军进行了将“石鸡II”作为最高机密侦察工具的论证工作。陆军的编号为BQM-74D，但未生产出产品。空军在战术扩展性无人机系统（TEDS）计划下进行了试验，但和陆军BQM-74D一样这个秘密工程也中途停止了。

1992年起，美海军开始采用BQM-74E“石鸡”。尺寸和BQM-74C相

左图：在准备飞行试验时，一名技术员仔细地将洛克希德YMQM-105A“天鹰座”掉转方向。基于轨道发射的“天鹰座”是为美国陆军所提供的无人机，可执行侦察和目标指示等多种任务且易于使用。（洛克希德）

同，新机型速度为620英里/小时，以及近750英里的作用距离。

据估计，共生产了3200架的MQM-74A和MQM-74C“石鸡”，在21世纪来临时，大约有2000架MQM-74A和MQM-74C交付使用。

2003年，BQM-74和“火蜂”在“伊拉克自由行动”播撒金属箔条后，在美海军系统开发演示（SDD）合同支持下加速了改进型BQM-74F的研制。BQM-74F在速度、作用距离、机动性、航时以及载荷能力方面都进行了改进，诺斯罗普公司称BQM-74F的机动性能够做到“全轴耦合下的攻击性达到7英尺”。

## 高性能无人机崭露头角

即使“闪电臭虫”验证了无人机可用于高空侦察的理念，专门的有人侦察机也露出水面。美空军与CIA的侦察机组和洛克希德的先进开发工作组（“臭鼬工厂”），共同开发了2个独特的飞机，冷战期间以“间谍飞机”简称。滑翔机似的长机翼，U-2适合在高空长航时工作。同时，3.2马赫的SR-71（起初编号为A-12）“黑鸟”是20世纪公开飞行中速度最快的有人机。

当这些有人机开始了飞行生涯后，美空军启动了开发相似无人机的计划，和U-2、SR-71性能持平，但是能在敌人对飞行员生命有威胁的

右图：位于马里兰州帕塔克森特河海军航空站（简称大同江基地）的海军飞机研究、开发、测试、评估和采购中心，飞机中级维修部门（AIMD）成员和RQ-2A“先锋”无人机的合影。（先锋无人机公司，克雷格·巴拉德提供）

环境下工作。洛克希德的臭鼬工厂开发了和“黑鸟”相当的超高速度人机D-21，实际上它设计为和“黑鸟”联合使用。

D-21是20世纪飞行最快的无人机，和越南战争时的亚音速“闪电臭虫”或者现在动作迟缓的无人机不同，D-21可3倍音速飞行。D-21作为SR-71计划自然延伸的想法源自臭鼬工厂的老板克拉伦斯·约翰逊，他看到3马赫A-12/R-71有人机配备了3马赫无人侦察机的应用价值。世界上没有飞行器能追得上它们，因此可以在敌空上方肆无忌惮地飞行着。

CIA是洛克希德A-12的最初用户，对3马赫的无人机兴趣不大。但到了1962年10月，终于批准了代号为“标签板”的计划。“标签板”下的无人机和A-12/SR-71一样，都是来源于CIA计划，但是美空军最终成为主要的玩家。

最初，为了和A-12关联起来，洛克希德将新型无人机编号为“Q-12”。1963年，当两种飞机演变成联合武器系统后，A-12母机重新用“M”（Mother）定义以表示母机，Q-12重新用“D”（Daughter）定义以表示子机。为了与未用于“标签板”的其他A-12区分开来，将数字进行了前后倒置。因此，成为M-21母机上的D-21子机。

1963年，进行了风洞吹风和其他试验，在1964年8月首架D-21完成。1964年12月，首飞在内华达州格鲁姆湖（51区）进行，D-21安装在母机上

左图：已检查完毕的RQ-2A“先锋”准备滑跑起飞，在相邻跑道上B-1轰炸机机组人员眼中“先锋”看起来就像个玩具。（先锋无人机公司，克雷格·巴拉德提供）

的上部，之后在1966年3月首次进行了D-21的空中放飞。

头3次都成功地进行了放飞，但是第4次飞行中对D-21的误操作导致母机、子机以及母机上的一名机组人员遇难。对事故的反思后，凯利·约翰逊提议改用B-52H做母机。新的投放工作代号为“超级碗”，经过重新设计、更改后的子机编号为D-21B。在“超级碗”计划中，以亚音速发射、经过火箭助推后达到冲压式喷气发动机具有的2马赫以上飞行速度。但是D-21B可以安装在母机的机翼下面，因此投放时会下降而不是从母机的上方弹射出去。经过一系列的放飞失败后，在1968年6月成功实现了D-21B从B-52H上代号“超级碗”的首次放飞。

多次飞行后，CIA和美空军申请并得到总统的允许，使用D-21B在北越南上空执行照片侦察飞行任务。在1969年11月，因数据链故障D-21失事，第一次行动失败。从1970年12月到1971年3月又进行了3次飞行，因相机模块丢失或回收时损坏，3次任务都被认定为失败。

1971年7月，“标签板”/“超级碗”/D-21计划都被正式取消，直到1977年这些计划还处于机密状态。

和U-2类似的大翼展无人机在D-21之后出现，基本概念在1971年的“指南针披风”计划中形成。和U-2一样，“指南针披风”目标是低速飞机（无疑是和D-21相比），重点是在70000英尺高空具有相当长的航时（超过24小时）。和现代飞机一样，地面操纵人员通过实时数据链进行控制。

除侦察外，还可用于空中中继与空中大气采样。和早期无人机一样，可在跑道上起飞降落，而不是像“火蜂”或D–21一样在空中投放。

尽管最初波音被认为是“罗盘披风”无人机的唯一研制方。但后来，“火蜂”系列的制造商瑞安公司也得到了制造原型机的合同。波音的901型被命名为YQM–94A“海鸥”（罗盘披风B），而瑞安公司的235型命名为YQM–98A“燕鸥”（罗盘披风R）参加试验。波音的“海鸥”是全新型，而“燕鸥”基于瑞安的154型，早期为空军制造的代号为“罗盘指针”。154型内部名为“火萤”，意指早期的“萤火虫”计划。1962年瑞安的147A“火蜂”被采纳作为无人侦察机。和“罗盘披风”一样，“罗盘指针”计划一直想深层深入中国进行高空照相侦察。这样的任务超出“火蜂”或“石鸡”的作用范围，对U–2有人机来说对于飞行员来说太危险。

1966年，“罗盘指针”启动。1968年6月154型首飞，1970年正式编号为AQM–91，“火蜂”配备有通用电气公司的J97涡轮喷气发动机。长34英尺2英寸，翼展47英尺8英寸。升限78000英尺，作用距离4370英里，使用多

下图：2001年在尤马试验场的拉古纳陆军机场，海军无人机第二中队（VMU–2）的机组人员在武器和战术训练中练习使用火箭助推发射RQ–2“先锋”。（海军陆战队，凯尔戴维森下士摄）

左图：RQ-2A配备塔迪兰MKD-400C前视红外（FLIR）高分辨率系统，具备陀螺稳定功能，可全天时或低能见度条件下使用。“先锋”也可配备带陀螺稳定的高分辨率MKD-200A电视摄像机。（先锋无人机公司，克雷格·巴拉德提供）

普勒惯性导航系统和机载飞控计算机。和“闪电臭虫”一样随后用在东南亚，从DC-130上空中投放、半空回收系统进行回收。生产了20多架AQM-91，但据报道，自70年代中美关系改善结束空中侦察后，就废弃了这些飞机。

“罗盘披风”和U-2都具有滑翔机一样的长机翼，可进行远距离、长时间飞行。21世纪的无人机也有些保留这种重要特征，如“全球鹰”都出自瑞安公司的计划中。

波音的YQM-94A“海鸥”原型机的首飞在1973年7月进行，但是在几天后的第二次飞行中坠毁。第二架继续进行飞行试验，到1974年11月为止。“海鸥”加上空速管共40英尺长，翼展90英尺。和“燕鸥”相同，将通用电气的TF34涡轮喷气发动机安装在机身上部。在飞行测试中，YQM-94航时超出17小时。

同期，1974年8月瑞安的YQM-98A（罗盘披风R）首飞，紧接

右图：在摁下发射按钮之前，船载“先锋”的机组人员向RQ-2A载荷舱内看最后一眼。（先锋无人机公司，克雷格·巴拉德提供）

右图：1991年海湾战争中，“先锋” RQ-2A出发飞越伊拉克阵地执行任务前，机组人员在进行启动发动机前的最后一步操作。（先锋无人机公司，克雷格·巴拉德提供）

着创造了无人机中途不加油连续飞行28小时11分钟的长航时记录。“燕鸥”为双尾翼，“加勒特”YF104涡扇发动机，安装在飞机背部以减小雷达信号，长37英尺4英寸，翼展为81英尺2英寸。

波音的YQM-94A在1976年8月的竞争中胜出，合同中要求生产YQM-94B系列无人机。对自己的无人机先进性深信不疑（当然颇为昂贵），瑞安提出了反对意见。引起众议的是，直至1997年7月美空军取消了整个“罗盘披风”计划，从竞争结果出来后来再也没有一架飞机制造出来。

两个飞机制造商各自在无人机领域朝着更大、更好方向发展，造就了波音的“秃鹫”和瑞安的“全球鹰”。在21世纪早期，“全球鹰”占据着美国最重要无人机的一席之地，而“秃鹫”仅在20世纪80年代有着短暂的生涯。

## 无人机开始应用到部队

在整个冷战末期时，美国军方对用于战略侦察任务的无人机抱有兴趣，但很短暂，飞行员们自然是对让同行失业的飞机存有偏见。因而，在侦察技术方面更倾向于间谍侦察卫星和高分辨率数字图像的神奇能力。高速的D-21被取消，“闪电臭虫”束之高阁封存起来，而“罗盘披风”项目半路夭折。在冷战期的最后10年论证了一批计划，一些予以启动并做了一些科研工作，可在20世纪70、80年代时军方高层人物很少有人看好战略用无人侦察机。

为满足小型作战单元的战术侦察需要，在此期间开发出了一些有趣的小型无人机。美陆军迅速采用了洛克希德的MQM-105A“鹰”（Aquila）项目，源于70年代初的目标获取识别和航空侦察（TADAR）计划。TADAR计划是为战场指挥人员提供轻型、易用的观测平台，陆军炮兵想用无人机作为超视距打靶时的目标指示器，为激光制导的“铜头”155毫米炮弹头提供目标位置。国防部和福特航空公司自1973年以来从事该项研究工作，代号为“草原”（prairie），但是陆军希望该目标指示能力能合并到“鹰”计划中。

1979年洛克希德的导弹与宇航公司获得了“鹰”的整个规模开发合同。1982年夏秋之际，在亚利桑那州的华楚堡进行了YMQM-105原型机的“17-飞行”试验进行。“鹰”由单个小型汽油发动机驱动推进螺旋桨飞行，有后掠翼、无尾翼，长6英尺10英寸，翼展12英尺9英寸。

“鹰”没有起落架，从卡车弹射发射、使用大型尼龙网在卡车上回收，携带降落伞以备紧急降落使用。考虑到德国政府为潜在的用户，卡车上使用德国多尼尔公司制造的回收系统。

配备了西屋公司的光电载荷系统，携带具有增稳装置的激光炮瞄目标指示器。但是，由于系统研制与集成进度的拖延最终导致项目的取消。美

下图：2006年6月，隶属于海军无人机第二中队（VMU-2）的“先锋”无人机出发执行任务。（海军陆战队，珍妮弗·琼斯上士摄）

陆军最初计划到1985年时，MQM－105项目共995架中的首架能够派上用场，但是未能实现该项目就在1987年终止。基于洛克希德计划的“鹰”出口型——“牵牛星”（Altair），也和MQM－105项目一起夭折了。

与美陆军YMQM－105对应的空军YCQM－121“铺路虎”是个小型、压缩无尾翼的无人机，后掠翼、推进螺旋桨发动机。波音于1979年启动了BRAVE－200（波音机器人飞行器）内部计划，和同时代无人侦察机不同的是BRAVE为无人攻击机。实际上，它的任务剖面介于巡航导弹和21世纪无人战斗机之间。如同巡航导弹飞向目标自毁爆炸，又像可回收的无人机完成雷达压制等非致命性任务。

空军在1983年订购了YCQM－121A计划下的“铺路虎”，计划到1987年时将上千架部署到德国，防御可能的华沙入侵行为。但是经过寥寥几次的飞行测试后，1984年美国终止了“铺路虎”计划。对此空军给出的说法是之前低估了飞机平台和任务系统集成的复杂性，这是冷战期间许多计划终止的惯用托辞。

而德国政府继续考虑将“铺路虎”用于反雷达系统，它被评估用于对抗“啄木鸟”（Tucan）无人机，但未成功。

同时，瑞安公司在20世纪80年代启动了“甲虫”和“油隼”小型战场无人机项目。1984—1992年，交付给埃及56架“甲虫”324型侦察机。“油隼”是根据1988年国防部的多功能通用无人机需求，既可作为侦察机也可当做靶机，可空中或地面发射。代号为无人机、中程（UAV－MR）计划下，确定瑞安在1989年5月提供350型“油隼”（基于324的改型，编号BQM－145A）。1992年5月首飞完的17个月后，海军和海军陆战队从UAV－MR中撤出，随后计划取消。最初计划为500架，但只生产出6架，直到1997年都没有飞行。

20多年来，美国一直在各种研制计划中举棋不定，未能将一架土生土长的战术侦察无人机投入生产使用，而另外一个国家却认真地对待无人机研制工作。

基于1973年“赎罪日战争”的经验教训，以色列战场指挥人员期盼着拥有一个“超视距”侦察系统，实践出真知，从中必然播下了会及时成长为新一代无人机的种子。

在20世纪70年代，以色列共开发出两款小型无人机。一个是由塔迪兰电子公司制造的“猛犬”，另一个是由以色列主要飞机制造商IAI公司生产的“侦察兵”。二者都和丹尼早期的无线电飞机外形相似、尺寸相当，有单个简单的汽油发动机，“猛犬”的翼展是13英尺11英寸，而“侦察兵”的翼展是16英尺3英寸。在飞机布局方面都是直翼，双尾撑上安装立尾，推进螺旋桨放在机身后部双尾撑中间。侦察设备以小型视频相机和连接地面操纵手的数据链为主，有用于跑道着陆用的起落架。

1982年黎巴嫩冲突时，这些以色列小无人机饱受战火的洗礼，向战场指挥人员证明了自身价值。其中，发现并成功地摧毁了二十多枚叙利亚隐藏在卡谷地的地对空地导弹地点。

和D-21和“火蜂”不同，80年代的无人机更像丹尼的RC模型，将关注重点再一次放在简单性和高性价比上。实际上，刚经历了80年代早期黎巴嫩和格林纳达战斗的美国战场指挥官们无法对以色列小型无人机的成功表现无动于衷。美国下一代无人机不是起源于60年代的美国产品，而是80年代以色列IAI公司研制的“猎人”，它后来演变为广泛使用的“先锋”无人机。

左图：在执行任务出发前，美海军陆战队的理查德·西利上士和无人机第二中队（VMU-2）一起检查一架“先锋”无人机。（海军陆战队，珍妮弗·琼斯上士摄）

“猎人”是美国国防部“1991-1992近程无人机（UAV-SR）”项目的竞标成功者，在1993年2月正式订购。由IAI公司的马拉特（Malat，曾为Mazlat）部门设计，在美国由TRW（已成为诺斯罗普的一个部门）组装。

UAV-SR计划中麦道公司落选的“天鹰”是基于利尔·西格勒公司的“天眼”，这类无人机最早于1973年首飞，由开发科学公司研制，后来成为利尔·西格勒公司的航天部。美空军在1984年和1985年使用该飞机执行侦察任务，从波多黎各圣洛伦佐和Palmerola基地出发，沿着洪都拉斯和尼加拉瓜的边界飞行。“天眼”使用低照明度的视频系统跟踪边界上的游击队员，该无人机也出售到了泰国。

多年后，麦道将“天眼”升级为“天鹰”。在1991年6月首飞，8小时航时、15000英尺的使用升限，和“猎人”一样“天鹰”配置了用于跑道上起飞着陆的起落架，也能弹射架发射和伞降回收。也是无线电遥控，但是有预编程控制系统。1997年麦道的无人机分部合并到波音后，X-45C 无人战斗机沿用了类似的系统设计。

虽然“天鹰”偶尔以国防部编号YPQM-149A提及，这种叫法可能从未正式确定。YPQM-149A和YPQM-150A只是为UAV-SR计划预留，从未使用。“猎人”简单编号为BQM-155A，但在1997年重新编号为RQ-5。

1993年，首个“猎人”订单为7套系统，每套系统包括8架飞机。到1995年4月首套系统交付美陆军，其中“系统”指按一个作战单元进行采购和部署。所以不是按无人机平台，而是按系统进行采购。一个系统包含一定数量的飞机，例如“猎人”、“指针”中为8架，再加上支持设备，包括操纵组用帐篷、地面数据终端、远程视频终端、模块化的任务载荷单元，以及发射、回收和地面设施。

与此同时，法国和比利时各订购了一套“猎人”系统。国防部原计划采办52套系统，但在1995年8—9月间接连发生3起坠机事故，1996年12

月交付了最初7套系统的最后一架时，国防部决定终止“猎人”无人机计划。

RQ-5“猎人”无人机22英尺10英寸长，翼展29英尺2英尺。和其他的产于以色列的双尾撑无人侦察机一样有2个发动机，“猎人”配备的是2个64马力的Moto-Guzzi活塞发动机。航时为12小时，升限达到15000英尺。

任务载荷包括数据中继设备、2个低照度电视（LLTV）和前视红外装置（FLIR）。由地面操作人员控制，但可以预编程自主飞行。安装有用于跑道着陆的起落架，也安装有钩锁用于短距离着陆。

在20世纪90年代后期，“猎人”在很多部件上做了质量改进。例如，对伺服作动设备失效问题予以处理，它是1995年多次事故的罪魁祸首，解决后可靠性从7800小时增加到57300小时，同时对数据链和发动机其他关键组件进行了检查改进。1995年前，“猎人”平均1000小时的故障率为2.55，而在1996—2001年，故障率下降到0.16。

1999年，美国陆军在名为“猎人”任务组支持下在巴尔干地区大量部署使用了该系列的无人机，沿着科索沃马其顿边境的茂密山区执行夜间常规侦察任务，以监视叛军的入侵行动。

在2001年6月的行动任务中，当一个美国陆军运输部队途径叛乱领土时，“猎人”一直进行监视并指引其沿着安全路线抵达美国军事基地。Dan Dittenber上尉陪同美军在科索沃的司令员威廉·大卫将军，在战术操作中心实时观看了全部过程。事后他说到，大卫将军描述“猎人”的价值可与同重量的黄金相媲美。

具有讽刺意义的是“猎人”无人机计划因可靠性问题终止，而后来它又成为无人机可靠性的参考基准。虽然在21世纪初，RQ-7“影子”无人机替代了“猎人”，2004年国土安全部的海关和边境保护局的边境巡逻行动中，RQ-5的巡逻飞行时间超出300小时。在Q-5基础上，加装诺斯罗普·格鲁门的空中发射GBU-44“蝰蛇打击”武器系统后，形成“MQ-5”系列。

RQ-2“先锋”和“猎人”一样基于以色列早期的双尾撑、直翼无人机技术。起初在20世纪80年代，美国将“先锋”作为过渡机型使用，但延续至21世纪一直在使用，包括巴尔干半岛和海湾战争中。为美军提供装备的“先锋无人机公司”是位于马里兰的AAI公司和以色列IAI公司的合资企业。

“先锋”无人机16英尺11英寸长，翼展14英寸，全重下航程为450英里。巡航速度为92英里/小时，实用升限为15000英尺。航时大于5.5小时，双缸后置螺旋桨推进发动机的动力为26马力。

RQ-2的侦察载荷包括基于陀螺稳定的高分辨率MKD-200A低照度电视系统（LLTV），用于全天时工作的MKD-400C前视红外系统（FLIR），以及气象和化学检测传感器，还宣称集成了VHF和UHF频段的无线中继设备。不但配备有起落架可在跑道上起飞降落，在海军舰船上“先锋”亦可助推火箭发射起飞以及撞网回收。

“先锋”最初由海军舰载使用，在美海军陆战队和陆军也有使用。1986年7月首套系统中的8架飞机交付海军，并于当年12月部署在爱荷华战舰上。1987年有3套系统交付美海军陆战队，1990年将一套交付陆军后部署在亚利桑那州的华楚堡。海军陆战队将一部分“先锋”装备在陆基作战单元，另一部分部署在两栖攻击舰上面。

RQ-2在“沙漠风暴行动中”经受了战火的考验，执行距离远近不一的巡逻任务。跟踪沙漠中的伊拉克装甲车辆，以及在海军陆战队攻击法拉卡岛时进行辅助侦察。虽然可能是美国海军战舰上的最后一次部署，可无论是密苏苏里还是威斯康星上，“先锋”无人机出色地完成目标选择和战场评估任务。在使用16英寸口径机枪对敌人射击后将“先锋”投放在低空侦察，幸存的伊拉克人挥舞着床单试图投降无人机。针对“先锋”在沙漠风暴中的表现，海军陆战队远程联军指挥官华特上将称誉其为“独一无二最有价值的情报收集器”。

1995年10月，“先锋”无人机从波斯尼亚、克罗地亚的什里夫波特舰起飞在巴尔干半岛首次飞行，其中包括监视联合国莫斯塔尔难民地区的塞尔维亚人庇护所，“先锋”能够识别被破坏和已修复的桥梁，还运送阿尔巴尼亚人、支持美海军“海豹”突击队的上岸行动。

在伊拉克战争中，美国陆军和海军陆战队广泛使用了“先锋”无人机。著名的有第3海军航空兵联队的第1无人机中队，尤其是在伊拉克拉马迪、费卢杰城市的复杂街道上空所进行的大量飞行任务。2004年11月，第二次法鲁加扫荡战中VMU-1全天时工作，为海军在费卢杰地区提供了关键的态势感知能力。2006年，“先锋”达到20年工作的里程碑节点，包括4场战争，共完成4万飞行小时，其中实战飞行超出1.3万小时。

## 反思无人机作战

在20世纪的最后几年中，对于无人机的发展方向美国军方在十字路口上徘徊。一方面，支撑武器的硬件技术发展太快，无人机方案很难固定成形。存在更大分歧的还有另一方面，在无人机战术与战略使用方式上军方高层领导各持己见。

下两图：2006年6月21日，在伊拉克的塔卡杜姆空军基地上准备发射的“先锋”无人机。这架无人机隶属于海军无人机第二中队，部署在海军陆战队远征部队。（海军陆战队，珍妮弗·琼斯上士摄）

基于战场尤其是在巴尔干半岛的实战经验，到20世纪90年代中期无人机的表现和潜力使其完全可纳入美国的军事策略中，但除了以色列早于十年前就认识到无人机在军事行动中的价值外，还没有其他国家准备好迎接无人机时代的来临。

无人机受到认可可谓来之不易，美国国防机构很多人只把无人机当成战场上的小玩意儿，如同20世纪初期不把飞机放在眼里一样。尤其在飞行员中阻力较大，其中原因不言而喻，使用无人机后前线上不再需要飞行员。

在有些人眼中，尤其是高性能飞机的飞行员，“猎人”和“先锋”看起来像个玩具。说起20世纪90年代无人机的表现，很多老兵们不屑一顾。无人机的历史充满了技术挑战，尤其是导航和控制的难题，因此军方许多人对无人机持有怀疑态度，他们仍然称之为“drones”。

出于保密和工作中的分工不同，在20世纪80年代工作的人们很少有人清楚东南亚战场上使用无人机的全部情况，包括“闪电臭虫”、“罗盘箱” 和“水牛猎人”。而从巴尔干半岛前线，又得到了新的实战经验。在南加州的名为“捕食者”新玩意身上充分展现和验证了“猎人”和“先锋”无人机所具备的能力。

美国空军官方承认无人机为真正的飞机后，预示着它将翻开全新的一页。UAV作为固定标准表示，“U”为“Unmanned”的缩写，奇怪的是在这个“性别指向”的术语上几乎没有争议。在克林顿执政期间为避免引起政治上的冲突，对“U”的含义找寻替代词进行修正。“Unpiloted”不妥，因为UAV确实在远处有人驾驶，虽然在飞机上没有飞行员。简单起见，重新改为“Uninhabited”。但是，必须指出没有飞机是真正能居住的，即使可在上面睡眠休息。“man”作为男性的表示也曾被接受。当然，美国空军战斗机的飞行员女性数量在不断增加，包括地面控制站的无人机飞行员。

不管准确的单词拼法是什么，UAV逐渐被官方采用后，RPV逐渐淡出。RPV是“有人飞机是飞机，无人机是无人机”时代的固有代名词。

1995年7月，美国空军正式成立了使用“捕食者”的无人机中队，所跨出的这一大步标志着无人机时代的到来。1994—1997年，内华达州的印第安泉辅助机场（2005年后称为克里奇空军基地）的11侦察中队重新启用为情报中队，时任空军参谋长的罗纳德·福格里曼将军在成立仪式上揭牌。1997年8月，11侦察中队加入到“捕食者”无人机中队。

许多人认为该中队是合适的选择，1942年开始创建，1971—1979年间使用“火蜂”。1991—1994年曾被恢复为情报中队，但是没有飞行器。内利斯空军基地是美国最大、管理森严的军事基地，印第安泉在这个规模庞大基地之中，“捕食者”可以不受干扰地进行训练。

1997年，接受《空军杂志》的约翰·蒂尔帕克采访时，第11中队的指挥官史蒂夫·汉普顿中校说，他把自己的部门视为今后成立无人机组织的原型。

“我们的职责是使得无人机业务运行常态化，致力于作为无人机中队的标准典范。”

也是在1997年，国防部重新采用“Q”作为无人机编号的首字母，也确定UAV为无人机的缩略语表示。

在第11中队的启动仪式上，福格里曼参谋长说，“如果在我的履职期内美国空军会采用无人机并充分挖掘它们的潜能，我们将致力于为国家的联合作战能力做出贡献。”

# 2

# 无人机已成为有价值武器

把无人机视为飞行器而不是玩具和附属品后，美国空军继续从技术与战术的角度探索无人机的应用理念。

当意识到无人机技术不断成熟后，新一代作战人员会很快把一度冷落的无人机作为战术使用。与20世纪90年代思前顾后的规划者所预期望的相比，无人机迈向战场的步伐要快得多。

发展远程战略使用的无人机，无论是技术还是理念上都是一次飞跃。起初，这些飞行器只是战术侦察平台，但是距离完成战略打击任务之路到底还有多远呢？

下图：2005年在帕塔克森特河海军航空站的韦伯斯特机场配楼，海军无人机演示的验证机组图。分别是（从前到后，从左到右）：RQ-11A“渡鸦”、“进化”、“龙眼”、NASA的FLIC、Arcturus公司的T-15、“云雀”、“燕鸥”、RQ-2B“先锋”和“海王星”。（美国海军）

上图：洛克希德·马丁臭鼬工厂员工检查RQ-3 “暗星”，这架“III级-”飞机在公司位于加州莫哈韦沙漠帕姆代尔的工厂中制造。（洛克希德·马丁）

在技术层面，新世纪伊始美国军方就启动了各种各样的探索项目，其中，包括微型无人机、用于军事侦察任务的小型无线电控制无人机。它们是丹尼在1936年就已经熟悉的样式，但小型化的电视相机肯定会令他惊喜不已。MAV开发的最初计划是满足中队需要，尺寸小于6英寸、作用距离6英里、续航时间20分钟的侦察机。和当初想法一致，直至目前为止的设计想法还是为一个小作战单元提供实时有用的战场信息，尤其是地形复杂的地域，例如高山、峡谷、茂密的丛林地区以及建筑物内部。

21世纪初的微型无人机有洛克希德·马丁的小型“微星”和航空环境公司的“黑寡妇”无人机。“黑寡妇”是由加州大学洛杉矶分校和加州理工学院联合开发，使用微型陀螺仪和空速管测量速度及加速度，后来使用GPS进行精确定位，能在超过1英里半径区域中航行半小时，并实时传回机载小型相机中的彩色视频图像。

同时，海军研究局（ONR）开发了可配置模块的智能作战队列（SWARM），后来用于“伊拉克自由行动”中。低成本、可扩展的无人机成群分组飞行、协同工作，个体失效后可进行重新配置来完成任务。SWARM拥有“即插即用”的载荷能力，可用于地面侦察、海洋搜救、战场毁伤评估、数据链中继、火力控制、大气化学或生化危害采样、近距离空中支援、防空诱饵等多种任务。

在SWARM计划下基于海军研究局的设计，亚利桑那州图森市的先进陶瓷研究公司制造了小型无人机“银狐”。它20磅重，5英尺长，有2个可拆卸的4英尺长机翼，外形类似于丹尼无线电飞机的一个产品。

与微型MAV发展趋势相反的是世界上的一些大型不需要机上飞行员的无人机。如前所述，鉴于技术上的革新与发展，并且这一技术优势在无人机战略侦察方面已充分展现，美国军方禁不住诱惑欣然接受了无人机。

许多年前，在“罗盘披风”计划鼎盛时期，战略家们预测无人机能力会不断增强甚至会替代有人机U-2，但是在20世纪70年代始终没有实现，

下图：1998年6月在NASA德莱顿飞行研究中心，第二架RQ-3“暗星”无人机使用GPS完成全自主着陆。（NASA，卡拉·托马斯摄）

部分原因是源于技术障碍，还有部分是对无人自主飞行技术的不信任，以及对间谍卫星能力的高估。

当然，那些对SR-71“黑鸟”退役深感惋惜的人还是坚持飞机侦察能力高于卫星。同时，无人机能够在一个目标上滞留多个小时，这对于有人机飞行员而言是极限能力的挑战。

如前所述，70年代开发的“罗盘披风”计划下由瑞安公司和波音公司开发的无人机后来分别成为诺斯罗普的“全球鹰”和波音的“秃鹫”。其中“全球鹰”在21世纪无人机领域占领了首席，而“秃鹫”仅在20世纪80年代时描绘出短暂的一笔。

并非说“秃鹫”不重要，该计划旨在探索开发超长航时的高空无人机。

由美国DARPA发起并由国防部负责前沿技术探索开发。1958年成立的ARPA，在1972年增加字母“D”表示国防。（1993—1996期间“D”曾停止使用，后又恢复）

下图：在德莱顿飞行研究中心的洛克希德·马丁RQ-3 “暗星”，照片比例恰好。（NASA）

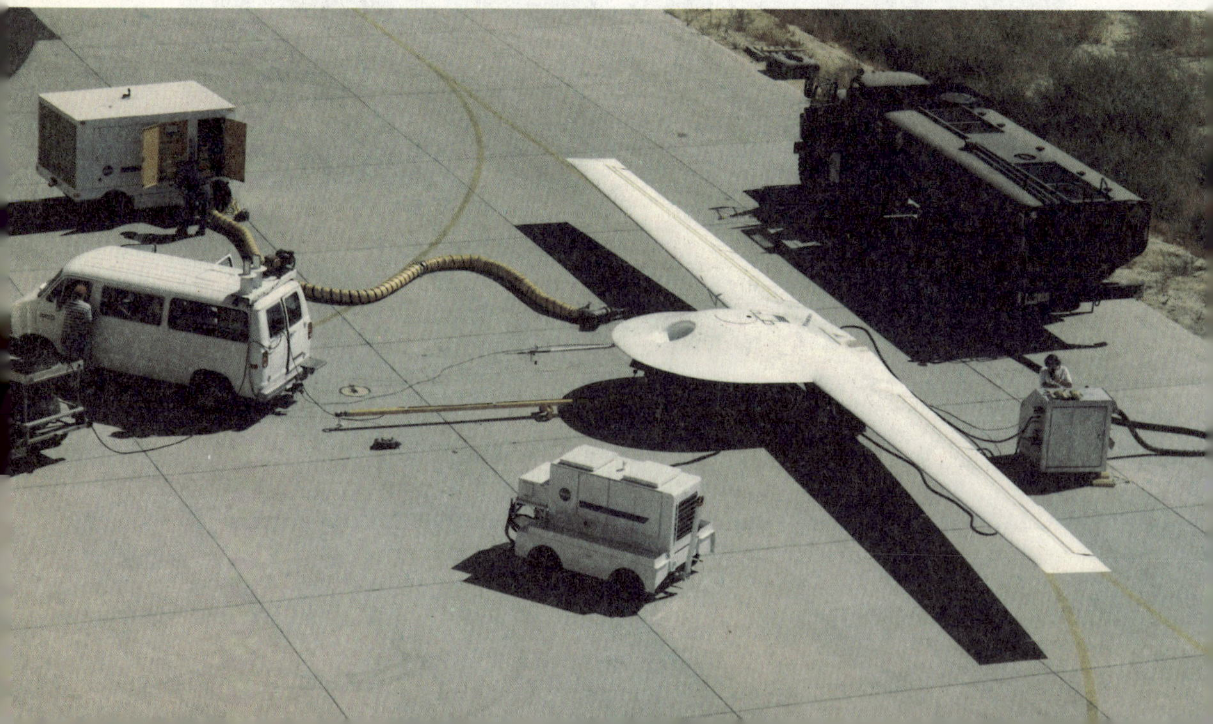

上图：一架崭新的RQ-4“全球鹰”飞机在从帕姆代尔附近的空军第42厂完成一次短暂的交付飞行后，于2002年4月23日抵达加州爱德华兹空军基地，该机由政府主承包商诺斯罗普·格鲁门公司在帕姆代尔制造。这架新飞机的首飞完全按计划进行，全球警戒联合试验部队迈克尔·吉德里中校说，“这架新飞机将帮助我们完成‘全球鹰’的快速反应测试，基于现场用户需求及时改进，使得我们的试验部队能为作战人员开发出更好的武器系统。”（来自国防部，卡洛斯·罗隆摄）

“秃鹫”由设计“旅行者”号行星际探测器的迪克·鲁坦公司设计、波音完成制造的唯一能持续全球环行、不需中途加油的无人机。和其他鲁坦飞机一样，“秃鹫”主要由碳纤维复合材料制造，拥有比747喷气机还宽大的200英尺长翼展，成为当时最大的无人机。机身68英尺长，52英寸高，34英寸宽。全重20000磅，包括12000磅的燃油和1800磅的设备。由两个液体制冷的特里达因的“大陆”发动机，每个提供175马力的动力。由超级庞大、当时技术领先的“德科魔法”计算机控制，完成自主飞行任务。

《航空周刊》于1986年3月报道了它的首次展出后，“秃鹫”才被外人所知，但是直到1988年10月9日才开始首飞。其间，在华盛顿州摩西湖的波音实验工厂进行了两年多的飞行试验。

1989年春天，“秃鹫”创造了螺旋桨无人机达到67028英尺飞行高度的纪录。其留空时间达到了50小时，虽然在理论设计为时间更长的数天时间。

上图与下图：崭新的“全球鹰”试验飞机在完成交付飞行后抵达爱德华兹空军基地，加入到正在进行飞行测试的“全球鹰”无人机行列中。（来自国防部，卡洛斯·罗隆摄）

按DARPA任务要求，“秃鹫”展示了战略侦察任务所必备的能力，包括视频摄像机、胶卷相机、合成孔径雷达、电子侦察设备接口（连接E-3的AWACS，或者E-8的J-STARS）。上述能力使得“秃鹫”以低成本替代侦察卫星，但实际未能实现。

基于“秃鹫”计划的部分经验，DARPA在1993年启动了高空（HAE）无人侦察机计划。HAE是为空军、陆军和海军组成的空中防御侦察办公室（DARO）开发，是20世纪80年代开发出“秃鹫”的高空长航时（HALE）计划的继续（HALE后来恢复使用，并沿用至今）。

HAE属于先进概念技术演示（ACTD）项目，是在传统国防采办系统之外发展起来，要求最低系统配置，政府和工业部门联合完成“创新性解决方案”。

HAE的成果有两架互补型的飞机，由美空军测试后按“蒂尔”系统分类。90年代，美国各军兵种提出各自的“蒂尔”系统，按预期能力、任务类型对无人机进行分类。各个军兵种有自己的系统，且没有整合在一起。基本上说，他们唯一的共性是按尺寸和作用距离变化分为三层，MAV并未纳入进来。美国空军计划的无人机大大覆盖了其他军兵种，尤其是对于陆军来说，空军认为长航时飞行器非己莫属。

提及ACTD的两架飞机会更增加了“蒂尔”系统的复杂性，它们既不属于第二层也不属于第三层，分别为“蒂尔II+”和“蒂尔III-”。起初，这两个特定的飞行器按“蒂尔”编号，很快按“Q系列”编号（R前缀表示侦察）。

特里达因·瑞安公司制造的“全球鹰”属于“蒂尔II+”计划，洛克希德·马丁公司的“暗星”在“蒂尔III-”范畴内。二者都称得上是技术和应用理念上进步的代表作产品，作为21世纪无人机的先驱，采用了DGPS实现从起飞到降落的全程自主控制。

这两架飞机均能和任务控制地面站通信。它们的任务载荷系统包括

上图：2003年拍摄于爱德华兹空军基地的RQ-4“全球鹰”早期灰色涂装的好看照片，为了在高空中反射太阳光雷达天线罩仍保持白色。（诺斯罗普·格鲁门媒体关系部摄）

SAR和EO/IR设备。不同点是“全球鹰”超长航时，而“暗星”为中等航时但具有隐身性能可在高威胁环境下工作，二者都计划在美空军执行任务。

洛克希德·马丁在1994年7月签订“暗星”合同，臭鼬工厂负责飞机、子系统的设计研制，以及系统组装和集成联调。波音公司作为主要的子承包商，负责机翼的研制与测试。不到一年时间首架RQ-3产生，1995年6月1日在加州棕榈谷的臭鼬工厂基地进行了“暗星”滑跑试验。

RQ-3的机身主要由非金属合成材料制成，前后为15英尺长、无垂直尾翼，但是翼展69英尺。“暗星”全重8600磅，由一个威廉姆斯FJ-44-1涡扇发动机供电。它能以最高时速为345英里/小时飞行12.7小时，或者在45000英尺以上飞行8小时，升限为50000英尺。和80年代的先进代无人机一样装备有跑道着陆用的起落架。

1996年3月29日正式飞行，自动飞行了20分钟，按预定程序飞到5000英尺高。但是4月22日的第二次飞行效果不好，在3个小时左右的飞行任务中，刚起飞就发生故障。主起落架先于前起落架离开跑道后就开始不停振荡，离开跑道10秒后“暗星”向左打转着火后爆炸，机体机构完全摧毁。

看起来“暗星”计划似乎会被终止，但调查组予以反对。经过26个月的工作后，进行起落架和飞行控制软件更改以及大量的仿真飞行测试后的第二架“暗星”在1998年6月29日完成44分钟的全自主首飞，但是就在它经过5次成功飞行后，国防部却在1999年1月29日正式终止了该项目。

在21世纪初看来，相比隐形的“暗星”人们对远程“全球鹰”的潜在应用更有兴趣。但据某解密航空机密计划的网络博客传言，臭鼬工厂已超级秘密地进行了“暗星”的后续升级版“暗星之子”的研究，2003年“伊拉克自由行动”期间该飞机曾有出现。

至于“全球鹰”，也是基于ACTD项目，是在RQ-3“暗星”进展一年后的1995年启动。但是，与之不同之处最终要成为可作战飞机，合同给予瑞安公司。

1997年2月“全球鹰”验证机在圣地亚哥滑跑，1998年2月28日在爱德

下图：在夏威夷群岛上空飞行的“太阳神”太阳能无人机。2003年6月7日的飞行测试给计划7月平流层内为期两天的长航时飞行奠定了基础。翼展247英尺，重约2400磅的“太阳神”给了NASA和行业内的工程师们带来了信心——无人机能在空中一次停留几个星期的时间，提供环境监测和通信中继服务。“太阳神”是全电动飞机，和其他交通工具类似，在飞越海军太平洋导弹靶场时，该地区良好的光照和测试范围有利于NASA的研究工作。这架飞机在2003年一次碰撞中失事。（NASA，卡拉·托马斯摄）

上图：在太阳能供电的第一次飞行之前的功能检查时，机务人员在地面支持小车上操纵航空环境公司太阳能动力的“太阳神”原型机的飞翼，该飞行在夏威夷考爱岛的美国海军太平洋导弹靶场上进行。（NASA，尼克·加兰特摄）

华兹空军基地首飞。“全球鹰”和U-2差不多、比“暗星”两倍还大的尺寸，是新世纪初实战使用中最大尺寸的无人机。“全球鹰”44英尺长，翼展116英尺，重25600磅，满油时飞行距离13000英里。机身由铝材料制造，机翼、发动机罩、发送机进气口等由纤维玻璃复合材料制造。由一个劳斯莱斯公司的“埃里森”AE3007H涡扇发动机供电，提供7600磅的推力。

1999年6月起“全球鹰”参加了一系列军演。2000年4月第4架“全球鹰”参加了在佛罗里达埃格林空军基地的演习，包括跨大西洋飞行试验。2001年2月，成为首个获得科利尔奖（美国航空协会颁发）的无人机。“全球鹰”的飞行距离受到认可，在2001年4月从北美到澳大利亚中间不加油，跨太平洋飞行了7500英里。

三个月后，空军选择北加州的比尔空军基地作为“全球鹰”的使用基地，冷战时是SR-71黑鸟、现如今是U-2和TR-1侦察机的使用基地。从中看出，美军意将无人机作为战略侦察使用。如空军战斗指挥官江珀将军所说，“把‘全球鹰’、第9侦察联队和U-2的任务结合起来，可确保‘全球鹰’走向成熟。它也确保从有人到无人侦察转换引发的文化伦理的问题尽在比尔基地高空侦察专家的掌控中，使得任务转换时损失最少。”

当时，参与计划的所有成员没有谁能预料到在那年底“全球鹰”就参加了战斗。2001年10月美国开始了“持久自由行动”，“全球鹰”在阿富汗上空执行任务，为各军兵种的指挥官提供了准实时高分辨率的情报、监视与侦察（ISR）图像。

“全球鹰”在65000英尺高空上获取图像的分辨率优于3英寸，使用能穿透云的光电/红外和合成孔径雷达系统，RQ-4在一次任务中能覆盖伊利诺伊州的领土面积。

不考虑NASA在世纪之交启动的与“全球鹰”无关联的环境研究飞行器与传感器技术（ERAST）计划，“全球鹰”的航时和性能遥遥领先。ERAST计划中的“百人队长”（Centurion）和“太阳神”低速、远程控制

下图：在加州爱德华兹的NASA德莱顿飞行研究中心机库，太阳能动力的“太阳神”原型机的飞翼相当于两架F-15改进型研究飞机，这架翼展为247英尺的轻质飞机停靠在地面机动小车上，展开后几乎占据300英尺长的机库。（NASA）

左图：美国加州西米谷的航空环境公司设计开发中心，技术员马歇尔·麦卡克莱迪小心翼翼地将一块太阳能电池面板放到“太阳神”原型机飞翼里。由加州森尼韦尔的太阳能动力公司生产的双面电池共有64000块安装在该飞机上，为14个发动机和操纵系统供电。（NASA，汤姆·奇达摄）

无人机，可在60000英尺上空长时间执行远距离遥感的科学任务。

“百人队长”和“太阳神”是最大的无人机，翼展超过了747喷气机，同时也超出1998—1990年飞行试验的翼展为200英尺长的“秃鹫”无人机。耐人寻味的是，它们由同时开发微型无人机的公司制造。加州蒙罗维亚的航空环境公司，由曾为太阳能飞机先驱的保罗·麦克格雷迪博士创建。早期产品有“太阳能挑战者”、“探路者”和“探路者+”，在1998年夏天创造了太阳能供电飞行器80201英尺飞行高度的历史纪录。

具有206英尺长的大翼展“百人队长”在1998年11月的首飞中令人震撼。但是，不久后出现了翼展为247英尺的放大版“百人队长”，名为“太阳神”，1999年9月8日在加州爱德华兹空军基地的NASA德莱顿飞行测试中心“太阳神”进行了表演飞行。

2001年8月，从位于夏威夷考艾岛巴金沙滩的美海军太平洋导弹靶场起飞，创造了当时非官方高度纪录96863英尺，最快时飞行速度为96000英尺/小时。和它极端的飞行高度相比形成鲜明对比的是速度，太阳能供能的“太阳神”巡航速度却极其慢，大约25英里/小时。也是相当轻型的飞机，当机载设备全部安装时全重1600磅。

“太阳神”曾计划继续多项长航时任务，遗憾的是该计划在2003年6

月终止，原因是准备夏天的一次40小时长航时飞行做试航飞行前坠入太平洋，还未来得及打捞便沉入海底。

“太阳神”的失事并非意味着高空长航时无人机研究的结束。2008年，DARPA在“秃鹫”计划下征集远程操控太阳能无人侦察机的建议，要求长达五年的留空时间。从NASA的ERAST计划经验教训中，人们会很快走出战术无人机应用的发展之路。

## 通用原子公司“捕食者”

即使人们不能在诸多无人机中辨认出通用原子公司的RQ/MQ-1，也会在媒体中听到“捕食者”无人机并且明白它所指何物。除了二战时的空中堡垒B-17，很难再有哪一个飞行器的名字能让人们如此耳熟能详，它已不仅仅是个飞机或者是一类飞机，而是作战应用中一种革新概念的代名词。

当然在“捕食者”早期成长的岁月中很少有人能预见将来一天它会如此声名远扬。新诞生的小型、低速军用无人机在当时很难吸引人们的眼球。可是，“捕食者”不仅让官方也使得民众对无人机的看法发生彻底改观，其中的一个关键性决定因素是

右图：2003年6月7日上午08:43，电动燃料电池供电的大型飞机从夏威夷考爱岛开始首飞。作为NASA环境研究飞机和传感器技术（ERAST）项目的一部分，“太阳神”原型机的飞翼由加州蒙罗维亚的航空环境公司制造。（NASA）

上图：停在机库的诺斯罗普·格鲁门RQ-4“全球鹰”。（美国空军）

1994年1月通用原子航空系统签到的一份合同。

此合同基于“蒂尔II”中空长航时无人机（MAE），需要在美空军指挥下侦察飞行并为地面各军兵种提供服务。

1955年通用原子公司在加州圣地亚哥成立，由通用动力公司的通用原子分部组建，为利用核能作为动力该分部开发了TRIGA核反应堆，在“猎户座”计划支持下进行星际间飞船核能推进技术研究。1967—1986年隶属于不同的石油公司后，通用原子公司独立。1987年，海军托马斯卡·西迪将军退伍后加入了该公司，创建了通用原子航空系统子公司。

通用原子公司在无人机领域的早期研究经历中有“纳蚊-750”，基于1984年的最高机密项目“琥珀”，由DARPA与加州欧文的前沿系统公司（后来被通用原子公司合并）签订合同开发的长航时无人机。“琥珀”和之后的“捕食者”外形一致，V型尾翼、推进式螺旋桨，在1986年11月进行的首飞，在1987年的飞行试验中航时已超出24小时。在1990年前，DARPA

和对此最感兴趣的海军一直在研究这个项目，改进的侦察机型“琥珀I”在1989年10月进行公开亮相飞行。到1990年因财政紧缩原因项目取消时，已经生产的“琥珀”或“琥珀I”有13架左右。

“纳蚊-750”是基于1989年首飞的“琥珀”简化后的出口改进型。1990年通用原子合并前沿系统公司后，“纳蚊-750”项目继续进行。美国CIA和土耳其政府都对“纳蚊”的能力感兴趣，“纳蚊-750”成为通用原子“捕食者”的探路者在巴尔干半岛使用。

1997年，通用原子开始开发“纳蚊-750”的扩大和改进机型“国际纳蚊”（I-Gnat），和当时第一代“捕食者”同样的后机身，但机头更为细长。使用Rotax912或Rotax914涡轮增压发动机，载荷能力增强，达到航时48小时、升限30500英尺的性能指标。

和“暗星”和“全球鹰”项目一样，“捕食者”也是由先进概念技术演示项目支持。“捕食者”还同“全球鹰”一样，比预期投入作战的时间要早。事实上它是以Q编号的首架，因此以Q-1命名，又因为侦察机就以

下图：检修中的诺斯罗普·格鲁门的RQ-4“全球鹰”。（美国空军）

RQ-1编号。预生产型的编号为RQ-1A，生产批的编号为RQ-1B。后来，“捕食者”加装武器成为多任务飞机编号为MQ-1，更进一步的具体表示应该是MQ-1B。

对于“捕食者”倒置的“V”立尾和细长机身设计，11侦察中队负责“捕食者”的斯皮内塔中校认为，“这样设计兼备了稳定性和对倾斜变化敏感性的需求。毫无疑问，无人机的最大优势是长航时特性。‘捕食者’具有滑翔机的许多相似特性，48.7英寸的翼展使得它能飘浮在空中，机组人员不必24小时或更长时间系着安全带坐在弹射座椅上，通常‘捕食者’在耐力和生理上要胜出有人机飞行员。”

对于捕食者的四缸、四冲程、115马力Rotax发动机，斯皮内塔认为，“很小的耗油量，和其他现代空军飞行器相比的确要弱得多，动力和雪地汽车用的发动机相似。但是‘捕食者’的基本使命是持久侦察，不需要很大推力。”

下图：进行飞机机身检查的诺斯罗普·格鲁门的RQ-4“全球鹰”。（美国空军）

“捕食者”的侦察任务载荷可选择诺斯罗普·格鲁门的TESAR雷达，它拥具有1英寸分辨率的全天时工作能力。也可装载激光指示器、区域搜索器，以及电子支持与对抗装置、运动目标指示器（MTI），以及雷声公司能实时成像的多光谱目标系统（MTS）。电视系统配备了可缩放的观察器。众多侦察监控之眼集成在Versatron/Wescam公司的光电侦察平台中，安装在飞机前部的“下巴”处。因为包含激光目标指示器，机务人员把这种球状镜头转台叫做“激光球”。

“捕食者”上装备有UHF和VHF无线中继数据链，一个C波段视距数据链，以及Ku波段卫星数据链。

和其他无人机一样，“系统”按多架飞机成套采购配发。以RQ-1为例，包括4架飞机、30英寸拖车内的地面控制站、带有18英尺Ku波段卫星传输天线的“特洛伊精神”数据分发终端。

1994年6月“捕食者”的ACTD原型机进行了首飞。当时，首飞后需历

下图：在维护中的诺斯罗普·格鲁门的RQ-4“全球鹰”。（美国空军）

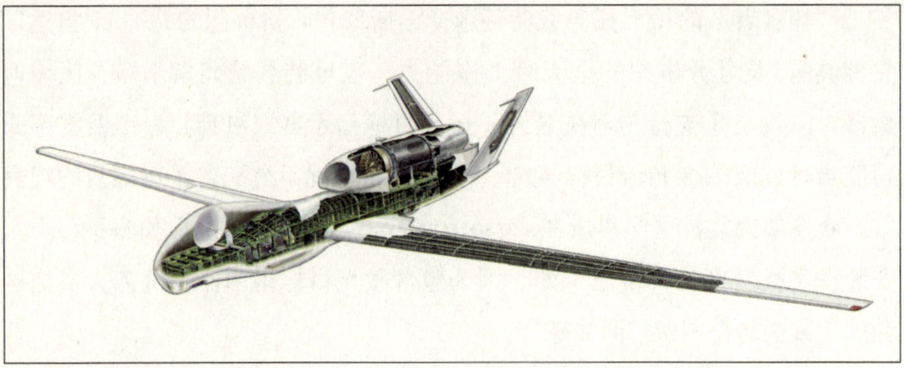

上图：呈现内部结构和组件的格鲁门RQ-4“全球鹰”剖视图。（美国空军）

经多年才能投入使用。而这次却是例外，不到一年后的1995年4月和5月，“捕食者”参加了“游沙95”空防演习。鉴于这次在美国本土的成功表现，1995年7月，作为首个无人机中队第11侦察中队的核心力量“捕食者”参加了巴尔干半岛海外军演。在15、17中队加入11中队后，由内利斯空军基地的57飞行组管辖。

“捕食者”也很快首次部署在海外执行“警觉牧民”行动，和上述军演几乎是同步进行。1995年7—11月，在美国欧洲司令部的控制下，“捕食者”在阿尔巴尼亚的吉亚德起飞，在波斯尼亚执行代号为“提供承诺”的联合行动。在NATO发起的“显示力量”行动中“捕食者”也提供了支持，该行动起因是塞尔维亚军队侵犯联合国位于波士尼亚斯雷布雷尼察的“军事安全区”，并且犯下了自二战欧洲发生的大范围屠杀之后最严重的恶行，美国在波斯尼亚的斯雷布雷尼察设立了禁飞区，避免二战后在欧洲可能发生最多人数伤亡的悲惨事件。

就在美国空军把“捕食者”带到巴尔干半岛之际，1994年CIA也将又小又细长的“纳蚊-750”部署到那里。从阿尔巴尼亚的基地飞出，“纳蚊”到内乱的前南斯拉夫战场上空执行侦察任务。即使有了能力更高的“捕食者”，改进的“纳蚊-750”还是被CIA以合适的行动代号——“居高临

上图：隶属于第432联队，在飞行中的一架的RQ-1“捕食者”无人机。（美国空军，技术中士詹姆斯·哈珀摄）

下”重新部署到巴尔干半岛。

在首场行动中，第11侦察中队的“纳蚊”共飞行了52次，两次失利。一次被塞尔维亚地面火力击落，而另一次是因操作人员控制失误使得无人机落到敌人手中。

1996年3月，“牧民协力”行动后迅速进行了“牧民警觉”行动。其间，第11侦察中队支持了1996年12月NATO的“联合协力”行动，以及在1998年6月结束的“联合防卫”行动。这次匈牙利塔萨尔的行动中，在天气条件允许下“捕食者”平均每周进行6次飞行。巴尔干半岛冬天恶劣的天气环境，迫使第11中队在“捕食者” RQ-1上加装了除冰装置。1997年4月，当教皇约翰·保罗二世到战争摧毁后的波斯尼亚进行历史性的访问时，第11侦察中队的“捕食者”执行了两次关键性的侦察任务，总计22.5小时。在保罗访问的第一天，唯一提供了实时图像的飞机就是“捕食者”。

直到1998年9月，通过美国安全委员会调节，激进的阿尔巴尼亚独立派和南斯拉夫科索沃剩余的塞尔维亚部队之间从夏天的激战走向平静。通过NATO的“鹰眼行动”来监视停火过程。第11侦察中队的“捕食者”再一

上图：在雷达站圆顶的背景中，美国空军理查德·梅伦德斯上士从第432飞机维修中队出发进行RQ-1“捕食者”无人机的飞行前维护。（美国空军，技术中士詹姆斯·哈珀摄）

次来到塔萨尔成为“鹰眼”中的鹰眼。

在1999年年初科索沃停火行动失败后NATO在3月24日进行了联军行动，开始了对南斯拉夫为期三个月的进攻。在联军行动开始时，在巴尔干战场上没有“捕食者”的身影，但是第11侦察中队迅速进行重新部署，这次使用的波斯尼亚塔兹拉附近美国陆军名为“鹰”的基地，1999年6月战斗结束后，第11侦察中队仍然在战场上待了数个月之久，在2000年到2001年初，周期性地在塔兹拉进行部署使用。与此同时在1999年，美国海军也向联军派出了舰载RQ-2“先锋”，但是由于天气不利，它们被迫停止了作战。

美国部队在巴尔干半岛上“捕食者”的使用经验多于RQ-2“先锋”，但是并不是特别丰富，虽然1999年在科索沃重新登场时，RQ-1“捕食者”再次暴露出了不足。如《空军杂志》的理查德·纽曼在后来写道，“空中作战规划人员准备利用‘捕食者’的实时性优势。将视频从卫星链路返向下传到意大利阿维亚诺空军基地的指挥中心，那里的规划人员将数据中继到机载操控手帮助他们发现目标，这些目标通常无地面观测装置很难定位。其中有着惊心动魄的情节，在一次轰炸机空袭南斯拉夫时，‘捕食者’仍旧在南斯拉夫部队上空徘徊，在作战中心的参谋部官员目睹着B-52在轰炸着自己的部队。”

巴尔干半岛“捕食者”暴露的不足之处，新研飞机可从中借鉴。2001年9月，在对外报告发布会上，一个未透露姓名的高级国防官员说，“因为操作失误许多‘捕食者’失事了，很难解决降落问题。操作人员可利用飞机前端的摄像头，但是他们缺乏机上飞行员具有的环境感知能力，如飞机所在的地面位置和高度。因此，发生了许多坠毁在地面的事故，损失惨重。”

交付给美国空军的68架“捕食者”中有19架失事，但是经确认只有4架在巴尔干半岛上被击中坠毁，其余主要因操作失误致使的。对于即将再次奔赴战场的飞行器来说这不是光彩的事，但“捕食者”在新的战场上充分证明了自己的不可或缺性。

## 其他无人机

当21世纪来临时，大量的无人机从美国军方的不同角落处纷纷涌现出来。RQ-1“捕食者”和 RQ-2“先锋”，以及陆军的RQ-5“捕食者”，在战场环境中展现了自己的能力，而 RQ-3“暗星”和RQ-4“全球鹰”被看做在将来可能完成U-2的侦察使命的无人机原型。

除了美国空军的“全球鹰”和“捕食者”计划之外，针对无人机侦察作战，其他军兵种有着各自的规划。当然，美国空军第一个无人战斗机（UCAV）起源于侦察机。美国海军发现无人机可用于执行一系列任务，包括作战半径海陆双栖的近距火力支援到远距离海洋监视。

尽管明显的战术潜能和惊人的技术水平，在20世纪后期的一些无人机仍然被看做是理论试验。在规划人员看来，这些无人机会是未来武器的代

左图：在20世纪90年代约翰·江珀将军认识到了无人机的价值，甚至在全球反恐战争之前，他就是使用无人机理念的倡导者。作为空军参谋长，他大力推动了无人机的军事应用。（美国空军，军士长加里·科皮奇摄）

表，但是大多数人还是想象不出此处好戏会如何上演。

回头看20世纪90年代，成本是无人机发展的主要原动力之一。这是由于处于战后时期，对未来世界为冲突减轻报有乐观态度，因此国防预算下降。

空军参谋长福格里曼上将说，着眼于长远空军制定了“全球参与”战略，兰德公司的研究报告中强调空军不能像过去那样大手笔花钱了。

福格里曼继续说，为降低成本空军规划人员必须打破常规，从“飞机舱外”想办法，探索无人机类的新兴技术。

1997年9月，国防空军侦察办公室（DARO）负责人空军少将肯尼恩·伊斯雷尔接受《空军杂志》约翰·蒂尔帕克的采访时表示，“UAV会为我们带来高性价比的回报，不仅减少人员伤亡，使用起来较为廉价。”

伊斯雷尔还说，空军飞机的结构呈现“高低混合”为特征，无人机处于重要位置，需要截然不同的作战和思考方式，在无人机扮演角色的地面战争游戏中，每个人都在看着天空中的窥视机器人。

1997年，在欧文堡的美国陆军国家训练中心所进行的战争演习中，看到无人机的惊人表现，第四步兵师指挥官保罗·凯恩将军同陆军参谋长丹尼斯·雷蒙将军讲道，“我愿意用一个坦克营队来交换无人机连队。”从中可看出，不久后无人战斗机定会登上21世纪战场的舞台。

## 无人战斗机首次空中飞舞

“9·11”事件后使用无人机深入敌领土作战，已成为美国大众文化中最生动画面之一。而事实上，在美国航空第77号航班袭击五角大楼前，国防部已筹划如何使武装无人机成为21世纪战场的标志。

在20世纪90年代，在无人侦察机还仅作为战术配角使用时就有更雄心勃勃的打算在不断萌发着。偏离主流思维之外，国防部规划人员按“如果什么”假定模式提问思索着武装无人机的发展。在2001年的形成时期，无人战斗机（UCAV）计划（后来的J-UCAS）已久经盘算凭借激光目标指示功能，执行对敌空防压制（SEAD）任务，攻击重工事、高价值目标。

在江珀将军任美国空军参谋长几个月前的2001年夏天，他告诉《空军杂志》的蒂尔·帕克，“毋庸置疑，无人战斗机会成功实现，我们会在作战方案中使用它们。”

在2001年，即使UCAV的概念还是未来的战术理论之一，美国空军已着手装备已有的“捕食者”RQ-1。

2001年9月6日，江珀任空军参谋长后还不到一周，美国被推向战场的舞台中心。作为富有无人机作战使用经验的战役指挥官，他在担任美国驻欧空军（USAFE）司令员和巴尔干半岛“联军/高贵铁砧行动”中联合空军（AFCENT）司令员后，他还当了一年半的空军作战司令部司令。

在巴尔干半岛他看到作为侦察飞机的“捕食者”只能停留在定位工具的层次，合成孔径雷达能提供目标图像，但是没有方法抓住他们，“捕食者”只能眼睁睁地看着敌军坦克蹒跚进入友军位置。但是，把激光指示器和测距仪安装在RQ-1下巴处的球内时，它就能够死死“盯上”坦克并发射激光束，F-16携带的激光制导武器，如GBU-24“宝石路”III，可以发现并摧毁锁定的目标。

上图：夜幕下神秘莫测的RQ-1“捕食者”，内华达州克里奇空军基地第432飞机维修中队的美国空军下士Nick Skrock对该飞机进行飞行后检查维护。（美国空军，技术中士詹姆斯·L.小哈珀摄）

这种转变如江珀将军所描述的为一个“突破”，激光球使得“捕食者”在纯侦察基础上增加了目标导引功能。

因此，“捕食者”增加了最初未考虑的雷声公司的AN/AAS 44(V) 传感器挂架，除红外成像设备外还装备了一个激光指示器。

故事到此，空军似乎应很快着手实质性的武装无人机计划了。但是，当江珀回国接任空军司令员时却发现，到达美国本土后“捕食者”的激光球已被卸载。他要求重新安装上，并考虑进一步给“捕食者”加装武器。

小型无人机武器加装的首个难题是载荷重量。“捕食者”的设计初衷根本未考虑武装使用，全部有效任务载荷能力不到500磅，即只能搭载最标准的不带智能功能的炸弹，而激光制导的GBU-24为其4倍重。解决方案是采取用在陆军、海军陆战队直升机上的激光制导AGM-114“地狱火”空对地、反装甲车导弹，每个重100磅。

“地狱火”为首选方案，对此江珀认为，“对于短期、易攻击的目标，我们不需要大型的弹头就能够前去解决。”

2001年8月17日，《简氏信息集团》报道，美空军在6个月前开始了AGM 114C“地狱火”导弹的发射试验。

在内华达州的印第安泉辅助机场进行的试验中，“捕食者”发射了16枚“地狱火”，直接命中率为75%。只有一次射出了20英尺半径之外，原因是导弹误操作。第二阶段的试验在加州海军空中作战中心的武器分部进行，成功地将AGM 114“地狱火”导弹在高空射中5千米距离处。

当美国在2001年开始战争时，无人机作战分队规模尚小。只有美国海军的“先锋”、空军的“捕食者”和几个处于飞行试验阶段的RQ-4“全球鹰”。

10月7日，美国发起了“持久自由行动”。阿富汗的塔利班政府庇护了谋划并实施“9·11”袭击的“基地”组织人员，此次行动目的是让塔利班倒台，摧毁“基地”组织基础设施，尽可能铲除“基地”组织的恐怖分子，包括本·拉登、艾曼·扎瓦希里和哈立德·谢赫·穆罕默德等人，因为他们策略了一系列的恐怖细节最终发生了9月11日的大灾难。

左图：在加州空军预备役基地的训练中，从右边起：美国空军军士长、通信维护教员詹妮弗·奥伯格向上士贾森·阿韦拉和下士拉奎尔·马丁内斯解释MQ-1“捕食者”地面控制站的特点。他们隶属于加州空军国民警卫队第163维修小组，该小组主要从事“捕食者”无人机任务。（国防部，美国空军韦尔·吉姆皮斯摄）

此次行动很大程度依赖由美军和CIA共同掌管特种作战兵，由美国海军和空军攻击机支持。

和十年前在巴尔干半岛一样，美国有两个分开的“捕食者”分队在阿富汗上空行动，分别由美国空军和CIA所控制。新闻报道经常将二者张冠李戴，总是无法确定功劳真正所属，仅是凭借记者或大家的猜测而已。

四年以后，弗尔吉姆在2005年2月27日的《航空周刊》中声称，“虽然是美国空军飞行员远程控制的，从乌兹别克斯坦的基地起飞执行任务的，但这是CIA首次使用武装的‘捕食者’。既然在2001—2005年陆军和空军使用相同的无人机，CIA分队可能从战场上相同的基地起飞，或者从远处的小型基地。”

弗尔吉姆指出，包括“捕食者”在内的无人机也从阿拉伯联合酋长国和吉布提的基地起飞，以便监视索马里的叛乱行动以及其他非洲国家软弱无能的政府，以防他们未能采取行动阻止恐怖分子招募、武装并组建新的组织。

下图：内华达州克里奇空军基地，为支持联合反应行动第432联队的美国空军RQ-1“捕食者”无人机从波多黎各阿瓜迪亚外的拉斐尔·埃尔南德斯机场起飞。（国防部，美国空军技术中士詹姆斯·L.小哈珀摄）

20世纪90年代“捕食者”在巴尔干半岛首次亮相，当十年后人们盘点它的起源时，我们想到了丹尼将玩具上升为无线电控制飞机概念。另一方面，有趣的是现代飞机植根于无线电控制飞机爱好者。实际上，第11侦察中队的斯皮内塔中校在2009年6月的《飞行无线电飞机》杂志中提到，“捕食者”是无线电飞机的终极目标，机组人员完成了完美的远程控制战斗。

虽然名为“捕食者”，捕获击毙目标并非RQ-1的原始打算，这个概念在“持久自由行动”之前开始出现，但让RQ-1无人机成长为真正的“捕食者”是阿富汗战场。

战争刚打响时还没有一架RQ-1装载武器，但是情形很快改变，在美国中央司令部用于“持久自由行动”的武器清单中“捕食者”赫然在列。和江珀上将一样，中央司令部司令员美国陆军汤米·弗兰克斯将军对此欣然接受，认识到“捕食者”的独特能力，在派往海外的首支队伍中包括了几个“捕食者”小组。到9月时，至少在阿富汗和乌兹别克斯坦分别有一个无人机小组。

如前所说，美国空军和CIA的地面飞行员都可以操纵“捕食者”的飞行。

由于敌人尤其是“基地”组织的分队成员以步行或轻型车辆为主，最终将证明“捕食者”是新兴战场上的合适武器。轻巧、静音工作以及易于部署使用，可在四五英里之外识别跟踪目标，却不被敌人发现，现如今正仍然装备部队。

“捕食者”在阿富汗的首战和科索沃中作战任务类似，为AC-130武装直升机探测目标。未透露姓名的中央司令部官员告诉《空军》杂志的理查德·纽曼，“当武装直升机到达目标区时，‘捕食者’使其马上对敌人攻击，而不用先盘旋一两圈后才能定位。‘AC-130’和‘捕食者’联手时，可漂亮地完成任务。”

通常新武器部署战场时需要适应调整的过程，“捕食者”已在巴尔干半岛历经考验。但作为攻击平台，尚需一些磨合。

“地狱火”也不例外，它是设计成攻击坦克和装甲车用的。当首次用于非装甲的目标时，导弹将其炸为碎片并穿入地下。美国陆军的红石兵工厂将“地狱火”包裹金属外壳以增加碎片数量。

美国空军担心投放瞬间冲击力损坏“捕食者”易碎的复合材料机翼，但是未出现此问题，也未因携带“地狱火”而降低了“捕食者”的续航时间。通常，“捕食者”航时为24小时，但是武器加载后受重量和阻力影响减少了2个小时左右。

与此同时，美国空军也试验了在“捕食者”上加装“AIM-92”毒刺空空导弹，和已使用十多年的便携式“FIM-92”毒刺地对空导弹为同一系列。AIM-92重量约为“地狱火”100磅重量的三分之一，也装备在美国和欧洲的直升机中。因而，这样装备的“捕食者”在伊拉克上空执行“南方守望行动”侦察任务。

2001年秋天“捕食者”作战中暴露的一些问题原因在于政治管理，经过十年来以复杂规则来解决冲突的方式，美国已不习惯对攻击自己国家的敌人进行战斗了。在行动的第一个晚上，据报告在喀布尔行进的一个车队中包括塔利班的高级头领穆拉·奥马尔的SUV，“捕食者”使用高分辨图像通过车牌识别已经确认出奥马尔了。

面对如此高价值目标确没有开枪，CIA的“捕食者”控制管理人员认为自己无权决定是否采取射击行动，将请求上报到在佛罗里达州麦克迪尔空军基地的CENTCOM总部执勤人员。弗兰克斯将军采纳了军法署署长（JAG）的建议不要攻击奥马尔。当国防部长唐纳德·拉姆斯菲尔德得知情况后大发雷霆，据说气得用脚踢门并强调今后的作战规则，不允许同样的事情再次发生。

未能消灭本·拉登最主要的保护者，错失机会的一个月后武装“捕食者”在攻击一个高价值目标时接受了战火的考验。

“基地”组织高级指挥官穆罕默德·阿特夫，也称作阿布·哈夫斯·马斯里，制造了两起美国驻非洲大使馆爆炸事件。作为FBI通缉的22个顶级恐怖分子之一，在2006年9月公开的视频中他和本·拉登在策划“9·11”攻击事件。

2001年11月16日，“捕食者”的操作人员发现了他在喀布尔附近的一个房屋中。就在“持久自由行动”刚打响时，阿特夫扬言“联军想迅速地在阿富汗取得成功是痴人妄想”。

然而，是阿特夫的失算让他自己葬身于碎瓦石片中，塔利班在11月17日声明宣告了他的身亡。

如江珀将军所描述，通过战争不断证明RQ-1是对快速、易于攻击的目标进行斩首行动的理想武器。

2002年3月，《空军杂志》的理查德·纽曼写道，一种笨拙的、缓慢的“捕食者”飞行器不可思议地成为阿富汗战场上升起的新星。

他继续评估如何以及为什么“捕食者”能取得如此成绩时指出，当空

下图：美国空军少校杰夫·布赖特，内华达州克里奇空军基地第432联队的“捕食者”飞行员，仔细翻阅RQ-1“捕食者”无人机的飞行前检查清单。（国防部，美国空军技术中士詹姆斯·L.哈珀摄）

左图：2002年夏天，“阿尔特斯II”无人机飞越佛罗里达州。（NASA，汤姆·奇达摄）

军分析专家仔细进行研究时确信“捕食者”在战争的突破进展上发挥了作用，大大缩短“从传感器到射手”的时间周期，即从发现目标到打击目标所需要的时间。将这一时间从几小时缩短至几分钟或更少，一直是军事变革的目标之一。在战场上目标数据和其他信息快速处理方面的根本性改变理应能产生绝对的优势。

当谈起1991年海湾战争的挫折经验时，一个未透露姓名的美国中央司令部将军告诉纽曼，“因为需要花费情报专家数天时间完成分析、确定重要目标以得到机组人员需要的目标信息，所以只能使用时间滞后的信息，分发过程还需要第三方介入。”

“捕食者”迅速成为闪耀明星，甚至是在高层指挥人员中的眼中。2002年12月11日，在南卡罗来纳州查尔斯顿市的一次讲话中，乔治·沃克·布什说，“过去的两个月来表明，创新的原则和高科技武器可以塑造并主宰一个非传统的战争。我们的指挥官获取了整个战场的实时画面，可立即从传感器到射击手信息链得到目标信息。战争前，有对‘捕食者’新作战方式持怀疑者，现在摆在面前的问题是军方拥有的无人机数量还不足够多。”

虽然还在技术测试中RQ-4“全球鹰”也参加了2001年11月初的阿富汗战争。冬天大风暴和持续的云层覆盖天气，非常需要装有合成孔径雷达的“全球鹰”进行全天时侦察，并且“全球鹰”具有前所未有长达24小时之久的续航能力，提供持续的数据流。

这个大型无人机的实战首飞比预期的来得早，和1991年海湾战争时的E8联合监视目标攻击雷达系统（J-STARS）情形类似，RQ-4还在进行测试中，但是因指挥人员急需这种能力只能匆忙批装上阵了。“全球鹰”部署到第12远程侦察中队（比尔空军基地第9侦察联队的一个分队），位于西南亚阿富汗附近的秘密前线作战地。

2002年1月初，RQ-4“全球鹰”部署到位于阿拉伯联合酋长国的al-Dafra空军基地的第380空军远程联队，在随后的日子里这个大型无人机在西南亚地区穿越阿富汗和伊拉克执行飞行任务。

2001年至2002年间冬天在阿富汗的作战中，“捕食者”仅是作为大团队成员之一且经常是为AC-130武装直升机领航，在它到达前为机枪手提供有用的实时数据。但是一年后“捕食者”证明了自己可单独作为攻击平台的潜能，在战争史上书写了浓重的一笔。

2002年11月4日发生了概述中叙述的故事，“捕食者”在也门袭击了Qaed senyan al-Harthi和卡马尔·德威希。几周后的12月23日，在伊拉克“南方守望行动”执行任务时“捕食者”进行了空对空混战，装备“毒刺”的“捕食者”迎接了伊拉克的米格25“狐蝠”的挑战。速度最慢的军用飞机遭遇了世界上速度最快战机并混战在一起，“捕食者”首先开火但

左图：第849飞机维修中队的士兵们在新墨西哥州霍洛曼空军基地拆卸一架MQ-1“捕食者”，为2010年1月举行的联合反应行动[0]做准备。（美国空军，安东尼·小纳尔逊上士摄）

是“毒刺”偏离目标，“狐蝠”飞行员还击。即使“捕食者”最终着火坠毁，那天的战斗堪称作空战史上的辉煌时刻。

美国参谋长联席会议主席、空军理查德·迈尔斯将军指出，多年来伊拉克敌军试图能够“幸运射击”击落联军飞机。这不是伊拉克射击手首次击中“捕食者”，国防部发言人证实2001年在伊拉克的南北方共有3架“捕食者”被敌军飞机击落，从这起事件中看出，“捕食者”的损失有力证明了危险的作战环境会威胁有人机飞行员的生命，这些小飞行器为了获取图片牺牲了自己。

在2002年，当“捕食者”成为战斗无人机的标志时，RQ-1无人侦察机的编号扩展为MQ-1以表明“捕食者”为多任务平台。

武装“捕食者”在西南亚的表现给空中力量战略方面带来了出乎意料的转变。无人机从战争外围转移到了舞台中心，对此突如其来的改变，在伦敦2003年1月《简氏防务周刊》中航空顾问尼克·库克给出了最好的概括总结，“无人战斗机（UCAV）的开发和其中的技术革新是先前将有人机作为战斗机的真实写照，如同有人机将当今的军事战斗应用发明归功于侦察机飞行员最早在座舱中向外扔手榴弹，首个用来携带AGM 114‘地狱火’用来作战的通用原子公司RQ-1‘捕食者’改型机，也是在侦察机上演化而出的。”

威廉·B.斯考特在2002年7月8日的《航空周刊和太空科技》写道，“无人机已成为参议员、众议员和诸位将军们的宠儿，为协调未来无人机系统的开发与使用，国防部建立了军兵种联合无人机计划任务组，随之钞票便源源不断地流入UAV集团中了。”

2003年1月，通用原子公司航空系统公司总裁兼CEO托马斯·卡西迪对《航空周刊》的大卫·弗尔吉姆说，“在‘9·11’之前我们每个月制造两架捕食者，而且是空军来负责飞行试验工作。现在需求增加还需要自己起降试验，我们能做的就是扩充人员和设施，其中包括在‘灰色孤峰’机场的四万平方英尺的跑道，如今每月我们能大概飞行4架飞机。”

右图：2010年4月在内华达州克里奇空军基地，美国空军下士特里·布卢和第432飞机维修中队威廉·博维上士准备将AGM-114“地狱火II”空对地导弹装载到MQ-1“捕食者”上。（美国空军，技术中士迈克尔·霍尔兹沃思摄）

到2003年，通用原子公司由20世纪90年代早期的几个人发展成850人的队伍，其中350人是21世纪后新加入的。美国部署使用的RQ-1超过80架，在空军和CIA操作下累积飞行超出65000小时，一半是在实战时进行的。如卡西迪所述，在一些十分糟糕的地方战备完好率达到96%。通用原子公司的另一个顾客是意大利的Aeronautica航空，在阿门多拉空军基地的第28组配备了“捕食者”。

在欧洲有些地方使用“红隼”（Crecerelle）战术无人机，由英国女妖公司的机身和法国SDTI计划下的地面控制系统组成，此型号也被销售到丹麦、荷兰和瑞典。《航空周刊》报道，法国的萨基姆公司和达索航空公司建立了“多载荷多任务”(MCMM，Multi Charges Multi Mission)联合公司开发猎人-杀手无人机，能够携带多种类型的制导武器，如“博尼斯”、“斯特里克斯”和2.75英寸火箭。

基于法-德计划，德国继续开发“不雷维尔”（Brevel）战术无人机，德国也着眼采用“全球鹰”在北海进行海洋侦察完成相应任务。

那个时期无人机的鼎力支持者中有美国空军退役的约翰·沃登上校，他是1991年海湾战争的飞行员和设计师，“无人机在目标上空游荡，尤其是射击功能极大提升了它的能力。不用说在地面固定设施中，即使敌人身处很深的地下也必死无疑。当你必须提防头顶上悄然无声的机器会随时射中你时，在地面移动以躲避进攻就不那么便捷了，武装无人机让空中作战产生了微妙的变化。”

沃登推测到2020年时，百分之九十的美国战斗机为无人机。“它们可以很快到达位置，做绝大多数人们可以做的事情。”他说，“除了需要做出是否射击的复杂决策。”

当然有人持不同观点。最早飞行F-117的已退役飞行员豪厄尔·埃斯特将军认为，“人类的大脑远超出无人机中的计算机，它在进行推理思考时就和猫的大脑能力相当。”

航空和国防产业市场分析公司“蒂尔集团”的分析家史蒂夫·扎洛加在2003年2月的《航空周刊》中写道，“在过去几年‘全球鹰’和‘捕食者’的使用过程中，凸显了无人机发展的两个障碍，高损耗率以及卫星链路带宽。上述问题至关重要，已引起无人机行业的高度重视。”

不足为奇的是，对“捕食者”的坚决拥护者是通用原子公司的成员，“它们的完美之处在于持久和耐心。”卡西迪说，“敌人不知晓它在某处守候着，如果敢出来移动它就抓住他们，这就是‘捕食者’的成功之道。美国在空中部署‘捕食者’，已持续超过一年几乎每天24小时，它们曾经受了许多打击，现在它们正在还击，我们革新了航空战。”

即使保留各自看法，支持者和批评家们都认为在未来的航空应用中无人机和有人机会并肩作战。

在2002年和2003年时，武装“捕食者”无人机在战术应用中站稳一席之地，虽然不知这种理念会朝何种方向发展，但确实在转变过程中。

当卡西迪骄傲地谈起2002年12月与伊拉克“米格25”的混战，以及武装无人机的未来前景时说道，“我希望看到‘捕食者’归来时机身贴上消灭掉的‘米格’。”

本章以2002年新颖飞机的传奇设计者伯特·鲁坦的一句令人深思的话语作为结束语：“因为没有人员身处险境，在空中无人机之间的战争中就不会有英雄诞生，无人机飞行员不可能成为英雄，而人类社会不能没有英雄。”

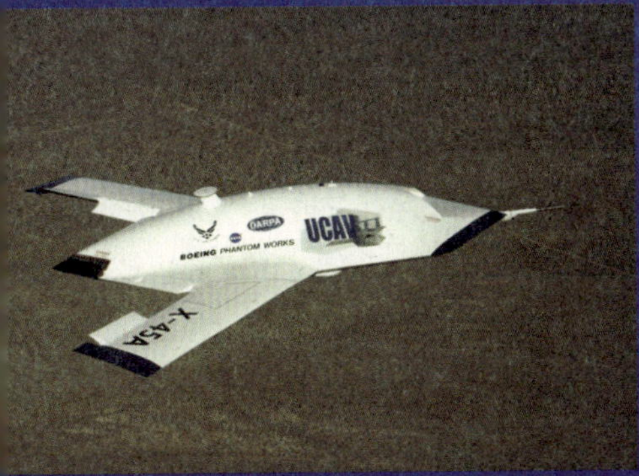


# 3 与生俱来的无人战斗机

在20世纪90年代，军事专家和航空工业技术人员开始认真思索着将“战斗”一词加入无人机的缩略语中。于是，国防部和军方策划“无人战斗机”的概念与使用模式，无人机不再局限于“捕食者”在科索沃所使用的目标激光指示功能，还包括对敌防空压制（SEAD）任务，如攻击坚固的防御工事和其高价值目标。

新一代无人机从头就要规划为作战使用。起初空军和海军都将它们定义为无人战斗机（UCAV），虽然2003年4月两个军兵种将UCAV计划纳入唯一的联合管理办公室，亦即联合无人机空中作战系统（J-UCAS）之中。我们把早期的无人战斗机简称为UCAV，其含义清晰明了，只是一架飞机。而UCAS则蕴含了“系统中之系统”的宽泛关系。

也是从那时开始，五角大楼内部将UAV改称为UAS。

右图：首架波音X-45A无人作战飞机（UCAV）的前视图，是天生就设计为战斗机的第一代无人作战飞机原型机。（DARPA）

左图：2001年春天在爱德华兹空军基地的德莱顿飞行研究中心，正在检查X-45A原型机发动机。（DARPA）

这个宽泛的概念将无人机和整个宏观系列的作战任务联系起来，包括过去只有有人机飞行员担当的，尤其给飞行员带来高度风险的工作任务。美军不愿意损失飞机，但更不愿意飞行员伤亡。

1997年，国防航空侦察办公室结构与集成部主任麦克·弗朗西斯上校告诉《航空周刊》的大卫·弗尔吉姆，该部门对无人机兴趣浓厚，不仅仅是无人靶机还有能完成所有飞行使命的军事侦察和实施打击任务的无人机。

“我们认为有人机已落伍了，”弗朗西斯解释到，显而易见他对UAS的宽泛概念抱有极大热情，“例如，无人机可承受的运动冲击加速度可达20g，其优势要高于飞行员。”

“如果不是万不得已的话，为什么让飞行员闷在空间和重量都受限的空间里呢？”弗兰克斯接着反问道，其实他要说的是，在21世纪UCAV可重新定义为承载其他飞行器的载体。实际上海军的航空母舰曾经就是携带飞行器的载体，具有“飞机外”的内涵。谈到航空母舰的概念时，人们也许认为无人战斗机很难吸引海军人员的注意力，但1997年时海军作战部司令也组织了军用无人机的研究。海军也接纳了无人战斗机的概念，也成为UCAV发展的里程碑，这个报告指出这种飞行器可以“摧毁危险目标，获取本地空中优势，击溃空中防御”。

空军战斗指挥官Rob Vanderberry少校说：“UCAV使得空军指挥官能坦然自若地做出高风险进攻决策比以往更容易些。不用考虑飞行员的伤亡，也不用担心会使得某人成为战争犯。”

当然，在90年代财政紧缩是规划空中作战考虑的另一个因素。飞机上去除飞行员和生命支持系统不仅降低重量，还可以节约成本。无人机不需要担心机载人员的伤亡，因此大家错误地认为无人机极其廉价。无人机确实比有人机便宜，但并非廉价到可以随心所欲地使用。在本世纪交替前后，大型无人机服役的成本约为50万美元，和有人机花费相当。载荷、传感器、飞机平台、控制系统和通信系统的价格不菲。

和一般无人机一样，UCAV不可能设计成消耗类型的一次性武器。即使军方不希望它损失，但如国防部的报告所言，损失必然会发生。这意味着指挥官需要承受得起它的损耗，尤其相对于有人机和机组人员而言。

20世纪末，军方和工业规划者归纳出无人机比有人机胜任的任务，为“任务枯燥、环境恶劣、生命危险”。这些包括长时间、枯燥和重复性的

下图：波音X-45A无人作战飞机（UCAV）验证机在爱德华兹空军基地上空飞行。（NASA）

上图：一张身披深灰战争色的波音X-45A无人作战飞机（UCAV）在空中加油的假想图。（DARPA的照片）

侦察任务，化学或生化武器污染的战场环境下工作，作战目标对飞行员生命造成威胁的任务。

对敌防空压制任务属于上述第三种，1991年美空军的“沙漠风暴行动”中，攻击机执行SEAD任务时，机组人员冒着生命危险在对空大炮（AAA）和地对空导弹（SAM）密集的环境中作战。如果使用UCAV，只有无人机自身在SEAD任务中存在损失的威胁。

飞机设计人员早已超越了简单地在侦察机上吊装武器的概念，甚至在1997年纳入波音前，麦道的鬼怪工厂已开始着手X-45计划的准备工作了。

1998年3月9日，DARPA发布MDA972-98-R-0003号文件，在以生产出实用飞机为目标的特定项目中，“战斗”一词首次加入UAV缩略语中。第一阶段是征求无人战斗机先进技术演示项目的建议。该飞机设计成以“X”打头，如X-45。

在征求建议的初期，DARPA和美国空军希望有一种飞行器能够展现出UCAV系统的技术可行性，在新涌现的全球指挥控制框架下，该UCAV系统能够高效可靠地执行21世纪的SEAD以及打击任务。

DARPA意识到在革命性的空中力量中，作为武器系统无人战斗机能够拓展新的战术任务。

空军认为X-45作为一种武器系统，在单一任务中可能负责多个目标而且需要监控的人员最少。DARPA要求尽可能少量的维护工作，可以长时间存储，在主要作战环境中少量人员展开后可立即使用。两个组织机构都要求飞机能在常规跑道上起飞降落，可以单独、成组或和有人机协同工作。

征求意见中还对要求分解细化出一种执行某种假想任务的飞行器，如对飞行员极度危险的高风险任务，或者使用UCAV可有更高性价比的任务。起初赋予UCAV的角色是通过完成SEAD任务成为“战争首日的火力使能器”，X-45试验样机就是此使能器的概念验证机。

SEAD任务中需要在有人轰炸机进入空区前，UCAV将敌空中防御破坏。完成SEAD任务后，UCAV可用于打击地面其他重要和时敏目标。具有战略意义的是，当敌防空力量失效后他们就进入“战术必败”的环境中。

下图：2002年7月11日，波音X-45A UCAV验证机在德莱顿飞行研究中心的停机坪上，背景中停放着UCAV项目的T-33护卫机。1号飞机为蓝色，它的姊妹机为红色。（比尔·耶讷摄）

上图：与F/A-18护卫机一同飞行的照片清晰地给出X-45A的尺寸。（NASA，吉姆·罗斯摄）

DARPA也提到，“小型智能的武器技术使得这些较小型的飞机能在一次任务中攻击多个目标，从而减少消灭每个目标所付出的代价。而且，新型的传感器技术提高了在高危险区域的侦察和监视水平。”

针对RQ-3“暗星”和RQ-4“全球鹰”最新的试验情况，DARPA也要求增加“智能任务分配”功能允许UCAV自动化操作。同时强调需要保留操作手控制的功能，在决策过程中管理任务执行的等级。

1998年4月16日，DARPA和空军确定了阶段I的合同，选出4个厂家进入初始设计阶段。分别为洛克希德·马丁战术航空系统公司、诺斯罗普·格鲁门军事航空系统公司、雷声系统公司和波音公司。在随后的两年时间里，波音合并了麦道和洛克威尔国际公司的北美航空分公司。基于圣路易斯分部，麦道已开发了“天空之鹰”和“麻雀鹰”战术无人机的演示样机。

DARPA的项目计划管理者Larry Birckellbaw说，“阶段I是挑战工业团队是否真正‘从飞机外思考’，从任务需求出发提出彻底的、最优的系统解决方案。解决UCAV从事这些必需和危险的任务的技术困难，能为作战人员提供生命保护的革新能力。”

1999年3月24日，DARPA和空军选择了波音，尤其是麦道合并到波音前的鬼怪工厂部门。这个合同要求鬼怪工厂进行为期42个月的第二阶段工作，完成2架X-45A验证机的研制、制造和飞行试验，以及一个可配置的移动任务控制站。

空军UCAV项目经理、中校迈克尔·莱西博士说，“工业部门将UCAV概念的理论研究做到了极致，堪比学术论文工作。我们很期待着下一步进展。”

莱西总结了UCAV概念的重要性，“通过开发实时的机上或机外传感器，对位置固定的、位置可变的以及实时移动的目标进行快速检测、识别和定位，并且通过安全通信与先进感知决策辅助系统能为地面操作手提供态势感知、自主飞行调整和武器投放。”

鬼怪工厂的执行副总裁戴夫·斯温提出他的组织需要波音广泛提供以

下图：2002年11月21日在加州爱德华兹空军基地，第二架X-45A无人作战飞机（UCAV）技术验证机从NASA德莱顿飞行研究中心的一片干湖床上起飞后完成其首次飞行。飞行约30分钟，达到空速195节、高度7500英尺，通过飞行验证了第二架飞机上的飞行软件。（NASA，吉姆·罗斯摄）

左图：两架X-45A的首架从加州爱德华兹空军基地起飞进行技术验证飞行。（NASA，吉姆·罗斯摄）

下几个方面的经验和资源，包括载人攻击机、武器系统、无人机，以及指挥、控制、通信、计算机、情报、侦察和监视技术。

当时鬼怪工厂UCAV计划的管理者瑞奇·奥尔德雷奇补充道，“无飞行员后可去除飞行员的所需设施和显示系统，也就可以设计较小、较简洁的飞机。不需要飞行员培训，去除消耗品、维修和飞行员个人需求的因素，UCAV可存放多年。”

X-45A飞机在前麦道工厂完成，位于圣路易斯附近的兰伯特机场。而任务规划系统由西雅图的波音公司开发，在南加州和亚利桑那州的波音工厂也参与了其中的工作。

2000年9月27日，在圣路易斯进行了X-45A飞机的滑跑，许多需求方、供货方和公司的员工参加了仪式。机身大约26英尺长，翼展将近34英尺，无垂直立尾，指标中高度未列出。机身最厚处为3英尺7英寸，空重约8000磅，共2个武器仓可携带3000磅载荷。

为便于首飞测试使用，一个武器仓安装了仪表盘方便机组工作人员读取并评估飞行前后的数据，另一个始终用来作为真正武器仓测试使用。

计划中要求X-45A及以后的UCAV需和先前的UAV一样，设计成可拆卸并安装在运输箱中。运输方舱设计为卡车那么大，6个方舱正好可放在C-17运输机的货箱中。据说可实战使用的无人机能在运输方舱中存放多年，可随时满足作战使用。这些方舱可与移动的任务控制站（MCS）一样存储。当需要使用时，方舱内的无人机可飞到目标方圆800英里附近。机组

左图：J-UCAS项目的波音X-45C概念机在积云中飞行。（DARPA）

人员打开包装进行组装，每架飞机所需时间为几个小时。与此同时，MCS也准备完毕，打击任务拉开帷幕了。

2000年11月9日，第1架X-45A从圣路易斯空运到加州爱德华兹空军基地的NASA德莱顿飞行研究中心。第二架在2001年5月15日到达。

即使美空军在阿富汗忙于“持久自由行动”的任务，还继续进行X-45A的飞行测试。2001年9月26日在德莱顿进行了低速飞行测试，接着2002年3月21日进行了首次高速飞行测试。2个月后的5月22日进行了期望已久的1号飞机飞行，成功验证了飞行指标和基本操作，尤其飞机和地面人员的指挥控制链路。14分钟飞行中，飞机时速达到了225英里，高度为7500英尺。

刚好6个月后的11月22日进行了第二架飞机的首飞。红白相间的编号以便和第一架飞机的蓝白相间区分开来。飞行进行了半小时，速度、高度和第一架飞机一致。

2003年4月28日的联合验证计划中，两架飞机进行协作飞行测试。DARPA将两架X-45A的飞行看做是整个计划的核心，开启了通往无人武器系统之门。

所有的飞行都由X-45A的移动MCS原型机完成，所采用的旅行车尺寸和目前在役无人侦察机的控制站差不多。

2004年3月24日，设计成执行打击任务的无人机首次投放武器。一架X-45A将250磅的炸弹投放到爱德华兹空军基地附近南加州沙漠的精确区域。在飞行速度大约442英里/小时、高度35000英尺左右处，从飞机内部武器仓向下投放了非制导武器。

“航空史上多么具有历史意义的一天！”前空军将军、现波音航空公司的总经理乔治·米尔纳说道，“我们的队伍告诉世界，自主无人作战飞机可以处理人类的指令，从内部武器仓成功投放武器。也展示了X-45的J-UCAS战斗能力，成为高威胁环境下进行攻击的革命性战争力量。”

将近一年后的2005年2月14日，两架X-45A以模拟的战役任务标志性地执行了第50次飞行，该演习为“和平卫士”。两架飞机从爱德华兹空军基地起飞，爬升到24500英尺和25500英尺的高度，相距大约25英里，飞行速度0.65马赫，模拟SEAD任务下空中作战巡逻。

在地面，两个模拟弹起地面威胁为目标，当第一个目标弹起时，两架飞机自动决定哪一架飞机的“位置、武器和燃油加载”适合攻击地面目标。做完这些工作后，X-45A改变路线，地面操作手允许它攻击模拟目标。随后，第二个目标很快弹起然后被无人机打击。

波音称，确保这次“和平卫士”成功完成的软件经过了2800小时的测试，是在一个高精确度系统集成实验室完成的，X-45A的替代品T-33测试时也经历了同样的测试。

“X-45A历经三年的测试后，下一步的挑战是验证我们的无人系统能处理战场上常有突然出现的威胁。”波音的X-45计划主管达里尔·戴维斯声称，“我们已经开始验证这个任务了”。

在“和平卫士”演习之前，波音和空军就着手将X-45A概念机

左图：X-45C在机库中的艺术想象图，看起来神秘莫测。（DARPA）

右图：在这张艺术图中，X-45C与F/A-18“大黄蜂”共同使用机库，而一架F-15鹰式战斗机在外面等候。（DARPA）

发展到实际作战用飞机。两架X-45A先进技术展示后续的计划是一架全尺寸X-45B测试飞机，最终是可实际作战用的UCAV。2002年，根据笔者参加的爱德华兹空军基地的简报会可以看出，可实际飞行飞机已秘密进行，代号为“A-45”。

X-45B看起来像X-45A的放大版。比X-45A大，大约32英尺长、4英尺厚，翼展47英尺。根据计划，可实际作战使用的飞机和X-45B尺寸相同。

但是，几个月后的2003年年初，DARPA和美空军开始重新思考这个方案。源于进入遥远内陆战场所带来的问题，如美国正在作战的阿富汗。他们将UCAV计划的目标增加了载荷、作战范围和航时。

重新规划的结果是，X-45C取代了X-45B，它和X-45A外形完全不同，但具有X-45B的尺寸。X-45C原型机具有2个相同的武器仓，打算安装合成孔径雷达、电子对抗设备（ESM）、军事战略战术中继卫星接口、空中授油装置。在X-45C中，将X-45A的航空电子托架替换成完全集成的航电组件。

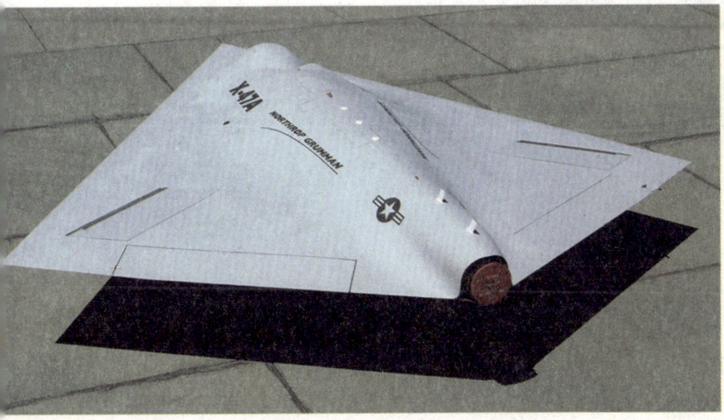


左图：2001年7月30日的首次展示中，从后方看到的诺斯罗普·格鲁门X-47A“飞马座”J-UCAS验证机。（DARPA）

和X-45A一样，X-45C计划采用隐身技术，没有垂直立尾。虽然X-45A为测试目的有前起落架，X-45C和曾经计划中的“A-45”会把前起落架取消。美国空军研究实验室（AFRL）的UCAV先进技术验证的副组长戴维·兰曼指出，“为完成使命，UCAV系统应尽最大可能做到隐身。如果有雷达天线或者在UCAV的表面留有加油口盖，会在隐身性方面大打折扣。”

2003年，当概念成形时X-45C被认为可作为可实际应用的原型机。和X-45A只设计为技术验证相反，按美空军计划X-45C能装载GBU-31和GBU-32联合直接攻击武器（JDAM）和其他空对地制导武器。

在21世纪初，海军的UCAV-N计划走在空军X-45A计划的后面，UCAV-N的需求是验证隐身无人机技术的可行性，和X-45A一样的侦察、打击、对敌防空压制（SEAD），但是不同的是要在航母上使用。

波音的鬼怪工厂和诺斯罗普·格鲁门的集成系统分部（ISS）都进行了海军UCAV的开发工作，2001年6月分别分配给两个公司的试验代号为X-46A和X-47A。波音的UCAV-N和X-45C形似，只是规划并未实际研制生产。而诺斯罗普·格鲁门决定自筹经费生产验证样机。

按基本配置设计代号为“飞马座”的原型机，2001年2月在加州埃尔塞贡多的诺斯罗普·格鲁门的新先进系统开发中心首次公开亮相，验证机为X-47A，重新改型

左图：这张艺术想象图呈现的是：一架使用中的VAR-95型X-47B在“罗纳德·里根”号航母上与其他飞机共用飞行甲板空间。（DARPA）

上图：在范堡罗航展上，诺斯罗普·格鲁门拥挤展览区中的X-47B J-UCAS验证机与MQ-8B旋翼无人机。（诺斯罗普·格鲁门）

后的UCAV-N原型机为X-47B。

在设计过程中，诺斯罗普·格鲁门发挥了相当多的近期高科技战术无人机的经验，包括隐形轰炸机鼻祖B-2“幽灵”，仍然在役的最大战略无人机侦察机RQ-4“全球鹰”。系统集成方面的经验包括E-8联合监视目标攻击雷达系统（J-STARS），E-2C“鹰眼”机载预警机系统，麦道的F/A-18“大黄蜂”和“超级黄蜂”攻击机。

虽然在加州埃尔塞贡多的诺斯罗普·格鲁门进行的策划与设计，“飞马座”的飞机机身主要由加州莫哈韦的缩尺复合体公司使用非金属复合材料制造。缩尺复合体公司由伯特·鲁坦运营，他是许多卓越飞行器的创造者，包括NASA的高空试验飞行器到“旅行者”，目前为止唯一不间断环球的飞行器。

2001年6月30日，X-45A首飞的10个月后，“飞马座”在莫哈韦的缩尺

下图：诺斯罗普·格鲁门X-47B J-UCAS的四视图。（诺斯罗普·格鲁门）

上图：2010年10月在加州的帕姆代尔，落日余晖下的诺斯罗普·格鲁门X-47B无人空战系统。（诺斯罗普·格鲁门）

复合体公司工厂滑跑。风筝形状的飞机27英尺11英寸长，几乎等长的翼展近27英尺10英寸。没有垂直立尾，6英尺高。在滑跑时诺斯罗普·格鲁门航空战斗系统的副总裁斯科特·西摩说，“UAV的能力可替代造价昂贵的有人系统。我们和用户紧密合作提高无人机和有人机的协同工作能力，以满足现在和未来任务需求。”

当西摩说出“未来任务需求”时，他也远未意料到，就在6周后发生了“9·11”事件，使无人机的军事应用突然发生了戏剧性的改变。

在2001年12月到2002年3月间，进行了系列发动机运行测试，4月普拉特·惠特尼公司的JT15D-5C的涡扇发动机点火、熄火成功后，即在滑跑的1年后进行了飞行测试。2003年2月23日，波音的X-45A首飞9个月后，X-47A在中国湖进行了首飞，全状态飞行，飞机全重3835磅，其中燃油量1580磅，JT15D-5C具有3200磅的推力。

7:56分成功离地，“飞马座”12分钟后降落在航母甲板预先规划的位置点。验证了舰载GPS的着陆定位精度。诺斯罗普·格鲁门航空战斗系统的加里·欧文在上午观看之后评价说，“像有人机一样着舰原来无法相像，今天‘飞马座’已解决许多关键技术。”

同X-45A一样，X-47A作为演示样机经过战术配置后会和“A”型号外形不同，“X-47B”的配置在2003年15号对外公开，和X-47A一样的风筝形状空气动力学外形，增加了和B-2相似的短翼，翼展扩展了约三分之一。公司解释说，“风筝设计保证了推进和武器系统的有效集成，而机翼拓展提供了航空动力。”

新的设计目标也保证了战术需要的长航时、低速高效侦察、满足着陆精度的飞行品质以及舰上自主弹射回收系统。

两周后的2003年5月1日，DARPA正式同意了X-47B的配置，给予诺斯罗普·格鲁门1.6亿美元的合同制造和验证全尺寸的X-47B无人战斗机。DARPA正式将X-47B与X-45 UCAV和X-47 UCAV-N计划合并为一个项目，归新的联合无人空战系统（J-UCAS）办公室管理。

2003年4月1日，UCAV在官方采纳5年后，被J-UCAS取代。在弗吉尼亚州阿灵顿DARPA的另一个办公室，10月新的J-UCAS办公室成立了，DARPA和空军、海军的代表联合管理，DARPA的领导机构保留到2005年11月，之后J-UCAS就成为海军和空军的联合项目。

从管理上看，该项目把存在很多共性的空军X-45、海军X-47项目统一起来。之前，两个分开的项目为特定的兵种进行定制，但是现在国防部发现了协同作战的重要性。虽然设计为特定的军事应用，两个飞机尺寸和重量处于相同等级，都是具有无人自主控制功能的隐身飞行器。

此外，J-UCAS在减少使用和维护成本前提的同时，需要降低管理和

右图：在空军第42工厂，验证测试夹具上的诺斯罗普·格鲁门X-47B无人空战系统（UCAS）。（诺斯罗普·格鲁门）

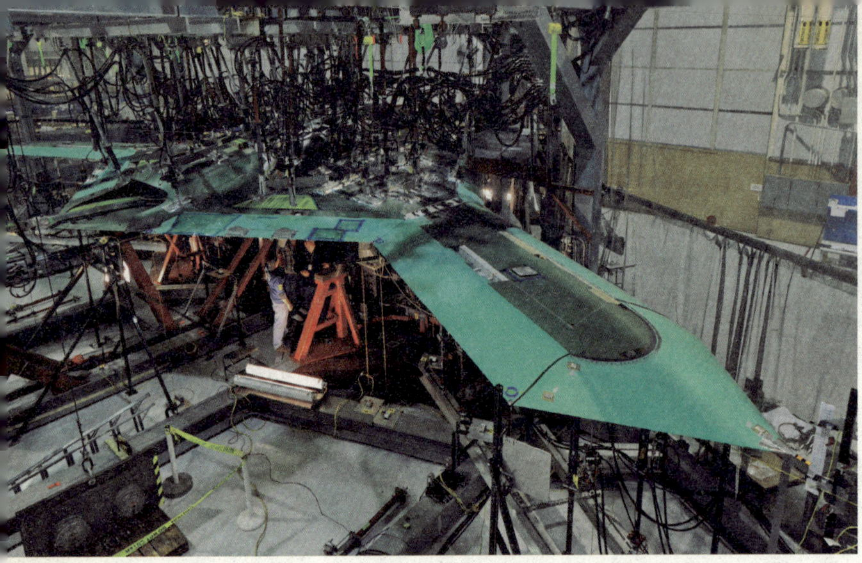

左图：诺斯罗普·格鲁门X-47B无人空战系统（UCAS）在验证测试中，机身缠绕着电缆。（诺斯罗普·格鲁门）

采办费用。DARPA注意到二者之间所共同具有的与其他飞机截然不同的特性，“去除了人间环境、飞行驾驶系统和设备接口”，DARPA报告称，“新的设计理念可用于航空动力学、信号处理、低维修性、低生产成本等方面。”

还有，对两个项目平行管理机构的合并也是控制成本的有效方法。

在2003年，不管是叫做UCAV还是UCAS，和无人侦察机一样国防部认可无人战斗机的概念。在3月国防部公布的路线图中，给出到2027年年底本世纪前四分之一段时间中无人机的发展路线。

文档摘要指出，“根据国防计划指导（DPG）将军事能力进行正确、系统的转化为一代新军事工具的要求，路线图的根本目标是为军方和研制部门确定明晰的方向。无论是在技术上和还是使用上的支持，目的是通过不同无人机系统来解决亟需的任务需求。”

通常国防部的路线图有效时间远远短于25年的时间。很快，2005年8月又发布了到2030年的新路线图。两个路线图的任务领域都包括了攻击性的作战使用，需要分配资源满足21世纪的规划项目，如J-UCAS的需要。

和早期情况一样，为加快系统目标实现，独立的UCAV计划、联合的J-UCAS继续以“多交叉螺旋”方式提高能力，从而演化出混乱的一系列。

为了与早期X-45A用的“螺旋”相区分，第一个螺旋定义为“螺旋0”。基于相关的仿真、任务控制和支持系统，新的“螺旋0”将包括X-45A和X-47A的验证样机。

后续的“螺旋1”将包括隐身的X45-C和X-47B全尺寸验证机。回头看2003年，那些相同尺寸和配置按螺旋演化的战术无人机，如果那时定义应该为A-45和A-47。

2004年6月初波音开始第一架X-45C的组装，当年7月19日在英国法恩伯勒国际航展上展示一个全尺寸航空模型，长39英尺，翼展49英尺。2005年6月在帕图森河海军航空站的韦伯斯特附属机场举行的海军无人机展览中，波音提出他们的X-45C作为海军UCAS将成为“飞马座”的竞争对手。

2004年10月，波音宣称得到DARPA授予的7.67亿美元的资助，在下一个5年内继续J-UCAS演示计划的X-45C部分。包括设计、开发和验证3个全尺寸、能够实战飞行的无人机和2个任务控制单元。据简氏信息集团称，根据合同这部分是2.91亿美元。2005年7月，在X-45C上增加投资1.75亿美

下图：2011年2月4日，第一架诺斯罗普·格鲁门X-47B无人空战系统（UCAS）首飞。（诺斯罗普·格鲁门）

元，其中包括新一代自动航空加油技术的完全验证，2010年通过KC-135运输机为飞行中的X-45C授油。

2004年通过X-45C的中期设计评审后，波音满怀信心地计划在2006年首飞。实际上，X-45获得了2005年的国际航空航天工业奖。但是，2005年计划的飞行直到2007年春天才进行了X-45C的首飞。

接着在2006年2月，在国防部四年一次防务评估中决定取消J-UCAS计划，至少取消其中的“联合部分”，完全终止X-45C计划。改为由海军单独支持，X-47保留并将计划缩略语改为UCAS-N。空军将X-45C改变为新的战略轰炸机计划，命名为“下一代远程攻击系统”（NGLRS），官方命名为“B-3”。

令人啼笑皆非的是，就在DARPA将J-UCAS权力移交给军方的6个月后，并且波音已准备X-45C滑跑的前一周，宣布了J-UCAS计划的取消。

2006年3月2日，在《圣路易邮讯报》中蒂姆·麦克劳林写到，“波音圣路易斯公司为空军设计制造的X-45C无人机，崭新闪亮的已做好滑跑准备。但问题是，它没有地方可去，国防部不再需要X-45C。花费近8亿美元制造3架X-45C飞机的J-UCAS计划被正式取消。波音在周二证实取消了本月首架X-45C交付空军的VIP仪式。”

下图：2011年2月4日，第一架诺斯罗普·格鲁门X-47B无人空战系统（UCAS）在首飞后抵达爱德华兹空军基地。（诺斯罗普·格鲁门）

上图：2011年11月22日，诺斯罗普·格鲁门为美国海军无人空战系统验证（UCAS-D）项目设计的第二架X-47B验证机在加州爱德华兹空军基地首飞。（诺斯罗普·格鲁门公司）

波音圣路易斯国防部主管吉姆·阿尔博若有所思地说到，“计划反反复复，启动再取消。但是如果他们确实有能力，就应前瞻到未来啊。在过去的几年中，这些计划进行了6次的重组、取消与恢复，当计划重启后我想我们都习以为然了。”

阿尔博说到波音会和诺斯罗普·格鲁门的X-47角逐海军的合同，如麦克劳林所报道的，“波音相信X-45C的技术满足海军的应用要求，在航空母舰上使用智能飞机收集情报以及执行大范围监视侦察任务。”

大卫·弗尔吉姆在2003年的《航空周刊》中写到，引用空军无人机办公室官员的话，“即波音已有一个单独且机密的无人机，可以作为设计和测试新型隐身能力的测试平台，模块化的设计允许公司研究人员按不同的形状和配置进行组合飞行试验，例如不同的机翼、尾翼和起落架。”

2006年4月，简氏信息集团发布了关于无人机的总体概述，无人机编辑肯尼思·芒森以“条条道路通向哪里？”作为标题进行了阐述。

提及2005年发布的无人机路线图时芒森认为，“经过反复调整后，国防部超出预期近6个月给出了路线图。相比所规划的25年时间，在6个月内就经历了重大的方向改变。”

他在报告中称X-47B的经费预算缩减了，取消了计划中的第三架飞机。

几个月后的2006年10月，2架X-45A历经64次飞行后停放在博物馆中展出。一架在位于俄亥俄州的莱特-帕特森空军基地美空军国家博物馆，另外一架在华盛顿区的联合国的国家航空和宇航博物馆。

与生俱来的专用作战无人机以雄心壮志开始，在一片无奈的叹息声中结束。但是，正如那些人所言，刚刚开始就结束了。

21世纪初期的几年中，在J-UCAS框架之外洛克希德·马丁的臭鼬工厂也自己开发了一款相似的飞机，名为“臭鼬”，公司代号为P-175。

洛克希德公司无人机系统主任弗兰·克莫罗告诉《航空周刊》艾米·巴特勒说，“在‘暗星’后启动了和大众看法相违背的项目，大家都认为在‘暗星’之后工业界放弃了无人机技术。”

“我在过去三四年中没有UAS计划支持，我们对公司的未来发展甚为

下图：据说这两架X-47B无人机能使得美国海军无人空战系统验证（UCAS-D）项目更快、更高效地完成飞行测试项目。（诺斯罗普·格鲁门）

担忧。但我们说得到就做得到。”

莫罗说公司在18个月内投入的研究经费为2700万美元，占据着当时公司飞机研究经费预算的重要部分。但是，具有重要意义的是只用了一年半的很短时间就完成了技术突破，从初始概念形成到首飞完成。“臭鼬”在2004年进行了完全秘密的首飞，恰逢知名的X-45计划在进行飞行测试。

98%为复合材料制造而成，相比于X-45A的33英尺10英寸翼展和X-47A的19.5英尺，“臭鼬”翼展为90英尺。在机翼内部安装新型的“扭型支柱”，据洛克希德公司称这种设计机翼可以根据气流进行弯曲或伸展，改善掠型机翼上的层流，驱动无人机在高空飞行。

“臭鼬”的实用升限设计为60000英尺，比X-45A和X-47A都要高。洛克希德公司先进开发项目和战略规划部门的执行副总裁和总经理弗兰克·卡普乔后来说，“如此高的升阻比史无前例，我们努力做到飞得最高。重点在三个方面创新：新型、低成本的复合材料快速原型设计和生产技术，高空飞行的航空动力性能，以及自主飞行能力。此外，公司的投入和成功飞行足以证明我们开发下一代无人系统的能力。”

“臭鼬”全重9000磅，配备2架FJ44-3E威廉姆斯国际公司的发动机。在机翼中间设计了任务舱，容纳一个0.5吨的传感器、侦察挂架或武器系统。

直到2006年7月在英国法恩伯勒的国家航空展上，洛克希德·马丁选择将该无人机公之于众。其间，弗兰克·卡普乔说为支持美国空军未来广域打击计划，“臭鼬”进行了无尾翼无人系统飞行动力学攻关，同时也探索了下一代结构化的复合概念。

不能不提及的是X-45、X-47和“臭鼬”具有共同的重要设计特征。和诺斯罗普·格鲁门的B-2“幽灵”全机翼隐身轰炸机一样，都无垂直尾翼，1989年首飞时仍为较先进技术。尽管近半个世纪前，德国的沃尔特和雷蒙·霍尔顿兄弟就已掌握这一技术。（霍尔顿IX，编号为Go.229，经过一年的无动力滑翔测试后，1945年2月在奥拉宁堡进行了首次动力飞行。）

艾米·巴特勒在《航空周刊》报告报道对“臭鼬”揭秘，特意描述它“配置为无尾，‘霍尔顿’型机翼设计”。

当卡普乔提及“臭鼬”被考虑作为空军的广域轰炸机使用时，也有一些媒体鼓吹它可能纳入海军的BAMS计划之中。

卡普乔也暗示出“臭鼬”的隐身特性，“对发动机进气口进行了雷达隐身处理，没有垂直方向机身结构和机尾，尽管因不打算实际使用而没有涂覆雷达反辐射材料，‘臭鼬’的雷达可见性很低。”

即使该飞机不打算实际飞行应用，洛克希德·马丁公司仍计划大胆使用“臭鼬”进行系列的高空飞行试验，盘算着抠门的政府手中得到些许订单，虽然年初时就将J-UCAS项目下马。可事与愿违，2006年12月18日在内利斯空军基地北部的内华达测试场上方“臭鼬”原型机遭受重创，洛克希德·马丁公司解释为，“因地面终止飞行设备发生不可修复的意外故障，自动激活了飞机故障时才启用的安全飞行终止模式。”

坠毁事故中飞机损失了。2007年3月的 《国际飞行》中报道，有考虑制造“臭鼬”的替代品。事实的确如此，公司声明中也证实了替代想法正在讨论酝酿中。

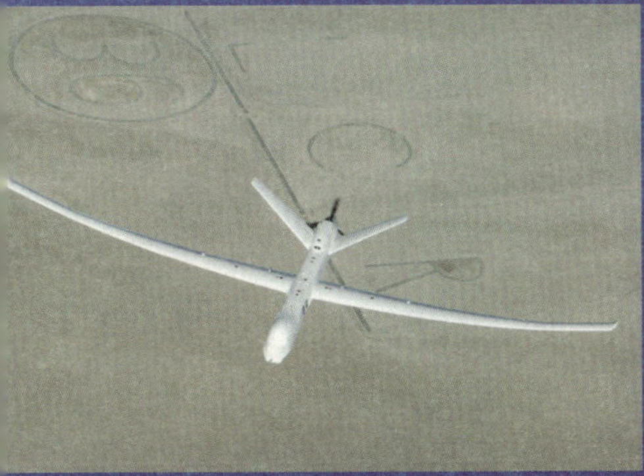

# 4
# 伊拉克战争中的无人机

从无人战斗机开始制造到2006年J-UCAS项目终止的这段时间内共发生了的两起战争冲突，无人机在执行真正的战争任务中展翅飞翔。其中，UCAV和UCAS计划下实施多年来天生战斗用的无人机并未在战场上使用一枪一弹，而生来不具有攻击能力的UAV却经受着枪林弹雨并进行了还击。小纺锤形的RQ-1的成功应用使得UAV的声誉远远高出UCAV或者UCAS。

在阿富汗的“持久自由行动”进行了17个月后，美国、英国和其他联

下图：2008年9月8日，一架美国空军MQ-9“收割者”无人机在伊拉克巴拉德联合基地的一处掩体躲避沙尘暴。（美国空军，空军一等兵贾森·埃普利摄）

上图：2008年11月22日，在伊拉克巴拉德联合基地，美国空军下士杰森·艾伦在MQ-9“收割者”无人机上安装方位角指示器，使飞行操纵员可知晓飞机侧向运动值。新成立的“收割者”飞机维修分队成员来自美国空军和英国皇家空军的专业军士联合部队，隶属于第46远征侦察攻击中队，承担通用原子能公司“收割者”的维护任务。艾伦是隶属第332远征飞机维修中队的综合航空电子专业军士，来自内华达州克里奇空军基地。（美国空军，空军一等兵贾森·埃普利摄）

盟国家在2003年19日发起了“伊拉克自由行动”。虽然仅在6周内，萨达姆·侯赛因的政权就被推翻、军队被击败，可在伊拉克的战争竟然演变为拖上数年且致命的低强度战争。

在最初6周中，联合部队凭借武器和技术上的优势大显身手，从而在打败伊拉克常规部队方面取得了决定性的胜利。

其中最耀眼的战斗明星有“捕食者”和其他无人机。3月26日的简报中，国防部无人机计划工作组代表戴科·怀泽顿罗列出伊拉克上空的许多无人机型号。在谈及无人机为部队提供“广域能力”支持时，他提及了美陆军的RQ-5“猎人”、FQM-151“指针”和RQ-7“影子”，海军陆战队的RQ-2“先锋”、小型RQ-14“龙眼”，以及RQ-4“全球鹰”和RQ-1“捕食者”。

战争开始时空军将“捕食者”部署在巴格达附近，“全球鹰”沿着巴格达上方向北一直飞到基尔库克和Urbil。

战争早期时还在巴格达低空部署多架“捕食者”，将它们的传感器系统伸到外面作为诱饵机诱骗伊拉克地对空导弹处的雷达跟踪锁定自己，然后将获取的位置信息传送给有人机。从而，有人机利用使用雷达制导武器攻击地面的地对空导弹。以前有人机上的使用方式是用机上导弹锁定地面雷达天线，出现危险时需去除导弹上的天线盘以防机上其他部件受损。“捕食者”的替代方法是能够识别雷达位置后断开电池，对方雷达天线便失锁。

令空军指挥官大为惊讶的是多数“捕食者”在这次诱捕任务中生存下来，除了一架掉进巴格达市中心的底格里斯河。伊拉克电视台工作人员被派去录制搜寻坠落飞行员的经过，数十名军人和群众参加了营救，但是不可能找到飞行员，因为他正逍遥地坐在几百英里外的指挥控制站中。

同时，基于CENTCOM日复一日的作战计划，“全球鹰”提供了剧场

下图：美国空军第432飞机维修中队的维修人员进行RQ-1“捕食者”飞行后维护工作。（美国空军，技术中士詹姆斯·L.小哈珀摄）

似的战略侦察图像。在3月24日到27日期间因沙尘暴作战暂停，“全球鹰”无所顾忌任意飞行，使用能穿透风沙的合成孔径雷达观测敌方军队的行踪。“全球鹰”和E-8“联合星系统”侦察机联合，为战术指挥官提供了数据最终消灭了伊拉克麦地那装甲部队。

RQ-4和U-2配置同样任务载荷时，在U-2执行任务过程中飞行员中间需要休息，而RQ-4可在空中滞留24~40小时，飞行员轮流值班即可。当大“全球鹰”飞机在例如卡塔尔类的基地着陆后，再次开始下轮任务所需时间也很短。据诺斯罗普·格鲁门的蒂姆·比尔德所说，周转时间只需8小时。

在这些行动中还有其他无人侦察机，2003年7月6日发行的《航空周刊》杂志报道，洛克希德·马丁公司高级机密的无人侦察机也参加了伊拉克行动，该机先于“臭鼬”一年前出现。正如弗尔吉姆在杂志中写道，“美空军官员认为它是‘暗星’计划的产物，该计划验证试验飞行后被认为不适合实战使用而取消。令空军U-2飞行员大为吃惊的是无人机和U-2飞机相距几英里在伊拉克上空飞行，相隔太近而令他们不舒服。神秘的无人机并没有和其他有人机或无人机协同作战。”

未透露姓名官员称，它和“暗星”方案相似，具有隐身性能，使用相同的合成孔径雷达和数据链。数量有限，包括几架飞机、一套地面站和其

左图：伊拉克阿里基地，特洛伊·薛叟夫仔细阅读MQ-1“捕食者”的修订版技术指南。薛叟夫是隶属于第46远征侦察攻击中队的文职人员。（美国空军，一等兵克里斯托弗·格里芬摄）

上图：2008年11月20日，在伊拉克巴拉德联合基地第46远征侦察攻击中队的MQ-1“捕食者”无人机完成任务后朝停机坪滑行。“捕食者”为陆军指挥官提供武装情报、监视和侦察能力。（美国空军，技术中士埃里克·古德曼德森摄）

余组成部分。

另外一个曾经监管UAV和UCAV计划的官员告诉弗尔吉姆，洛克希德·马丁神秘的无人机和“暗星”相似。

即使不算这位“暗星之子”，为期6周的“伊拉克自由行动”也是世界战争历史上的分水岭。在阿富汗战场上只有“全球鹰”、“指针”和“捕食者”3种类型的无人机，在1991年为了打击萨达姆·侯赛因只派出了“先锋”无人机参战。

直到2003年，无人机位置如此重要以至于没有它就不敢参加战争了。

在历史上第一次，武装无人机在战争打响时作为常规武器出场。继而，在地面攻入伊拉克面临更多敌人顽强抵抗时，地面部队指挥官期待并依赖“捕食者”的使用。

对于无人机尤其“捕食者”所带来的战术价值，美国空军第九空军、美国中央司令部空军部队司令沃尔特布·坎南中将曾谈及他所认识到的。回顾伊拉克战争后的“南方守望行动”，在任务简报中坎南回忆到，指挥官起身来说，“好，今天F-15飞到这里，F-16飞往那里，A-6再往这里飞，坦克到达这儿。”接着指挥官会说，“还有，还有‘捕食者’要飞到

左图：美国空军西奥多·穆托上士，第432飞机维修中队MQ-1“捕食者”无人机机务长，在MQ-1发动机试车后进行数据评估。MQ-1机务长都必须参加发动机试车课程以持有认证资格。（美国空军，下士纳丁·Y.巴克力摄）

这儿，我们不要从这边经过，它们不会干扰我们的。在不久前大家似乎都不愿和‘捕食者’的操作人员交流，现在‘捕食者’正纳入到我们的任务计划中。”

面对一度被忽视的工具，当将军注意到并急于发挥它的优势时，身处险境的陆军和海军陆战队的士兵们也及时地利用着此优势。

“‘捕食者’是指挥空中作战军官们的眼睛，但它也是地面年轻士兵们的眼睛。”后来负责11侦察中队“捕食者”的斯皮内塔上校写到，“深处危险环境时，知道有技术先进的无人机全天时地在上方盘旋时会令人宽慰，步兵战士也许会睡着了而‘捕食者’却从来不会。”

进入战争3天后，“捕食者”进行了第一次进攻作战行动。3月22日，由马克·莉莉少校远程操纵的美空军MQ-1“捕食者”发现了在伊拉克阿马拉镇外的ZSU-23移动雷达制导防空炮后，仅发射了一个“地狱火”导弹就将它解决了。

执行任务时“捕食者”平均飞行时间20小时左右，由飞机和任务载荷操作手在具有卫星数据链的指挥控制站内控制，将获取的连续实时战场情报传战场空军部队指挥官。“捕食者”小组包括组长和多方面专业人员，包括航空、地面设备、通信、卫星通信、武器弹药和后勤保障。

右图：2009年1月6日，在伊拉克巴拉德联合基地第46远征侦察攻击中队的美国空军MQ-1“捕食者”无人机准备降落。另一架“捕食者”在前方滑行。（美国空军，技术中士埃里克·古德曼德森摄）

起初，“捕食者”和其他战术无人机的主要操作基地在科威特市西面的阿里萨利姆航空基地，也有操作在约旦的基地进行，但是随着战争的进行，指挥基地都移到伊拉克内部的军事基地进行。虽然“捕食者”归内华达州的第11侦察中队部署使用，但当时配发给第386空中远征联队的46远征侦察中队使用，当伊拉克的塔利尔空军基地安全可用后转移至该地。

在2003年3月的地面进攻中当美陆军第3步兵师向北挺进巴格达时，“捕食者”为地面指挥官提供敌前方地面实时信息。“捕食者”飞行员、空军Traz Trzaskoma上尉在接受《空军出版新闻》采访时说，“我们一直监视敌人藏匿、移动或想要隐藏之处，如果携带了‘地狱火’，就可以自己用无人机解决掉他。”

使用微光电视和实时视频流，“捕食者”是深入敌区特种作战部队的宝贵资源。“特种作战部队打算到达某一地区，在最后时刻我们通知他们预定降落区域不是最佳地点”，Trzaskoma说，“在最后关头我们帮助改变规划任务，然后帮助找到更好的降落区域。”

“‘捕食者’能让地面站的人员超视距地窥视一座座山峰，或者在拥挤的城市沿着人行道游走侦察”，斯皮内塔上校称，“神奇的是机组人员设置‘捕食者’将侦察图像直接广播到手持便携终端中，地面部队可携带它参加战斗。”该套系统的正式名称为“远程光学视频增强接收器”，但是士兵几乎一致使用“ROVER”简称。

ROVER由联合战术空中控制人员（JTAC）使用，他负责发出近距空中支援打击任务命令。JTAC可精确看到“捕食者”所正看到的目标，通过快速浏览屏幕确认该目标是否适合打击，从而迅速发出打击指令来清除目标。

斯皮内塔上校说，“靶心向左移动1英寸！”这是他引用了将“地狱火”导弹投向敌人狙击手位置之前JTAC肯定会说的话。

当然值得一提的是操作伊拉克战场上无人机的飞行员，大多数情况下并非在伊拉克附近。正如《航空杂志》的新闻人理查德所说，“一直以来好莱坞以引人入胜的技术专长描述着美国军事水平，但如部队人员所清楚的现实往往差强人意。但今非昔比，伊拉克前线部队依靠高科技的虚拟战士，它们由远离战区的人员控制。以往需要部署到战场的数百名军人呆在美国本土和其他地区，通过卫星数据链和计算机网络保证了作战行动成功完成，在战场上没有留下美国军人的足迹。”

美国空军具有1700名人员的情报部门，在弗吉尼亚州的兰利空军基地的分布式地面站（DGCS）工作，通过12小时轮班为指挥U-2和远程控制“捕食者”的中央司令部（CENTCOM）提供实时情报支持。发生在战争的第一

左图：2008年8月1日，在伊拉克巴拉德联合基地，美国空军约翰·切瑟少校演示操纵MQ-9“收割者”无人机。“收割者”按“猎人-杀手”设计，能长时间盘旋于目标上空并发射激光制导导弹。切瑟是第46远征侦察攻击中队的“收割者”飞行员。（国防部，美国空军唐·布拉努姆上士摄）

上图：MQ-1“捕食者”无人机在伊拉克巴拉德联合基地的机库中。（美国空军，空军一等兵乔纳森·斯特芬摄）

周的某时刻，鲍勃·莱昂斯上尉得到巴士拉附近的海军陆战队侦察组报告说被敌人部队包围需要增援。莱昂斯和他的团队使用无人机对地形进行评估，查看伊拉克在直升机可能着陆地区的军事活动情况，通过实时视频通知搭载援军直升机到达安全区域。

DGCS也会将“捕食者”获取的时敏目标照片发送到CENTCOM打击规划人员处，如地面部队或者移动地对空导弹，有人攻击机从而知晓所需到达的目的地。

当美国海军陆战队和英国突击队占领伊拉克南部法奥半岛的油田时，由约翰·布里登少校操纵的“捕食者”提供监视支持。布里登发现埋伏的敌部队大约有200人在作伏击准备时，就叫来美空军AC-130“幽灵”武装攻击机使用大口径自动射击武器扫射伊拉克部队埋伏位置。

战场上的部队很快就发现“捕食者”的关键优势之一是不易察觉性，如同F-117对雷达隐身一样，它在人们的感知上可隐身。斯皮内塔上校说，“‘捕食者’的发动机静音，当它在高空飞行作战时，地面的人们既看不见也听不着空中的猛禽。反之，这个猛禽将地面尽收眼底。”

上图：2008年7月14日，在“伊拉克自由”行动中，一架美国空军MQ-9“收割者”无人机系统在伊拉克巴拉德空军基地的机库中待命。（美国空军，下士朱丽安·肖瓦尔特摄）

正如斯皮内塔上校所说，“捕食者”的多光谱目标系统（MTS）、光电和红外相机以及激光指示仪和激光照明器，可以跟踪定位地面场景中清晰可见的细节信息，例如，可看到识别出巴格达郊区萨尔德城街道上四处丢弃的垃圾。

可以想象的出，军队对于数量有限的RQ-1队伍有着异常高的使用需求。“捕食者”几乎不停地在巡航。“捕食者”维修主管杰弗里·达克特中士说，“大部分时间都在飞行中，能落地的时间几乎不存在。为保证战时任务，我们每个人每天都在维修，去掉其中任何组件，任务的有效性将显著下降。”

“捕食者”机组主管杰森·柏瑟克斯告诉《空军新闻》记者，“其中的挑战是24小时长航时任务所需要的大量周期性、阶段性维护。定期检修部件越来越多，维修阶段来得越来越快，而且发动机大修任务相当繁重。在“伊拉克自由行动”前的一周，我们每天晚上都要进行发动机的全面检查。另外一个重要挑战是为了高空长航时飞行需要精细调整小型双可燃发动机。”

2004年10月，在结束西南亚3年的战役后，仅空军的“捕食者”就飞行了1万小时，平均每个月有2千小时飞行在伊拉克和阿富汗的上空。在马里兰州劳雷尔的“精确打击技术”研讨会上，国防部UAV计划工作组的戴科·怀泽顿说，“当你了解到该系统尚未官方固定的初始使用能力（IOC，Initial Operaitonal Capability）要求时，‘捕食者’无人机的出色表现绝对可圈可点。”

他继续总结道，“到2004年10月，在阿富汗‘捕食者’共发射了115枚‘地狱火’导弹，为有人机激光制导了525次。而在伊拉克战场，分别为62次和146次。”

“捕食者”不仅仅在阿富汗和伊拉克作战使用，弗尔吉姆在2005年2月27日的《航空周刊》中报道，隶属CIA的“捕食者”毗邻伊朗的伊拉克地区，由库尔德人控制的跑道上起飞靠近伊朗边境来监视其核计划进展情况。

弗尔吉姆文章中还提及，伊朗报纸甚至中国驻德黑兰《新华社》连续

下图：来自第432中队的RQ-1无人机图片，注意图片背景中的“捕食者”金字塔形机棚。（美国空军，技术中士詹姆斯·哈珀摄）

上图：在伊拉克巴拉德联合基地，英国皇家空军乔恩·瓦特下士在MQ-9“收割者”无人机的倾斜尾翼上安装伺服作动器的口盖。新成立的“收割者”飞机维修分队成员来自美国空军和英国皇家空军的专业军士联合部队，隶属于第46远征侦察攻击中队，承担通用原子能公司“收割者”的维护任务。瓦特在第332远征飞机维修中队，是“收割者”综合航空电子专业军士。（美国空军，空军一等兵贾森·埃普利摄）

数月一致在报道“身份不明飞行物侵入伊朗东部和西南部，当地报道其与伊拉克和阿富汗战争上空的为同类飞行器。”

“伊朗上空的飞行器属于CIA而不是国防部。”一位高层空军官员告诉弗尔吉姆，“他们是阿富汗战场早期使用的‘国际纳纹’和‘捕食者’，不是像‘全球鹰’之类的广域侦察飞行器。关注重点是小区域来发现那些分散的核武器研制地点，侦察数据传回加州比尔空军基地中和‘全球鹰’一样的情报机构，将信息分离解码后分发到适当的机构。”

在伊拉克“捕食者”取得了佳绩，尤其作为美陆军和海军陆战队地面部队的实时“空中之眼”观测平台方面。对于2007年6月安巴尔省“长矛行动”中“捕食者”的表现，第二海军陆战队飞机联队的斯科特·魏德迈中校这样评价，“让我们看到建筑物角落、后面甚至顶部的威胁，‘捕食者’能侦察该地点、确认敌人位置，降低部队不必要的风险伤害，该类工

上图：2010年05月26日，伊拉克一处秘密地点，民用承包商塞萨尔·加西亚在发射一架“扫描鹰”无人机。在0.3秒内气动弹射器将这架无人机从0加速到60，在完成飞行后钩住了回收索。第一步兵师的战斗航空旅使用“扫描鹰”为美国和伊拉克地面部队收集情报。（美国陆军，一级上士杰夫·特罗思摄）

具能使得我们缩短战斗周期。”

到2007年夏天，第46远程侦察中队的无人机从巴拉德空军基地出发，平均每个月完成3300小时的空中飞行。

乔恩·戴格里少校在8月的新闻发布会上解释到，“飞行架次和飞行时间随着需求的增长而增加，当军队不断懂得‘捕食者’的操作、功能和用途后，对它的需求会随之高涨。‘捕食者’不再仅是个侦察平台而成长为不能小觑的武器了。”

实际上，一年之后据迈克尔·保利中校说，在全球范围空军的“捕食者”和“收割者”平均每个月飞行时间超出13600小时。

作为对公共事务的评论发表，2007年8月的发布中，第332远程作战小组的副指挥官玛里琳·科特上校说，“空中战斗人员经常要求使用‘捕食者’，因为它有相当好的ISR平台，而且能在空中滞留很久。‘捕食者’机组人员将敌人的可能行动报告给联合终端攻击控制器和地面与空中指挥官，他们作出阻止敌人的行动后，我们就立即采取行动解决敌人。”

科特还说到，在“伊拉克自由行动”进行的数年中，第332中队和在美国国内的“捕食者”操作人员通过在后勤保障和技术上改进，提高了在战场环境下的任务成功率，增加了“捕食者”的能力。

“捕食者”向敌人开火射击时不仅为陆军和海军陆战队也能保护自己，例如当叛乱者偶尔试图用高射炮轰打无人机自身基地时，“捕食者”就需要开火自卫了。从巴拉德空军基地起飞后，在美国后方克里奇空军基地人员控制下，MQ-1通常完成20小时空中巡逻飞行后才回到起飞基地，在这里第46远程侦察中队的机组人员对无人机进行恢复整理。到2007年时能完成的工作还包括，加油后再围绕巴拉达巡逻飞行一圈。

在2007年11月8日简氏信息集团发表的一篇文章中，第46中队的理查德·科尔上尉告诉内森·霍奇，当地联合战术空中指挥官会授权“捕食者”沿着航线飞行、搜索高射炮地点，通常是搜索已知的间接火力热点。

到2008年时，为彰显“捕食者”任务的不断升级，该中队重命名为第

下图：来自内华达州克里奇空军基地（AFB）第432中队的美国空军RQ-1“捕食者”无人机着陆中。（美国空军，技术中士詹姆斯·L.小哈珀摄）

上图与左图：在伊拉克基尔库克地区的空军基地，下士格伦·杰拉尔德准备发射RQ-11“渡鸦”。尽管重量不到5磅，在保护基地和周边区域中这些无人机发挥了至关重要的作用。二等兵杰拉尔德是空军第506远征安全部队中队“渡鸦”无人机操纵手。（美国空军，二级军士长唐·森格摄）

46远程侦察与攻击中队。

无人机已变得至关重要。实际上如国防部长罗伯特·盖茨后来所言，地面指挥官对无人机独特性能的需求是不知足的，无论是非武装侦察或武装战斗任务。

2004年，当“捕食者”达到十万飞行小时的里程碑时，通用原子公司进行尺寸更大的“捕食者B”无人机研制工作，后来官方命名为“收割者”。

数年甚至在“持久自由行动”前，通用原子公司就一直进行多任务

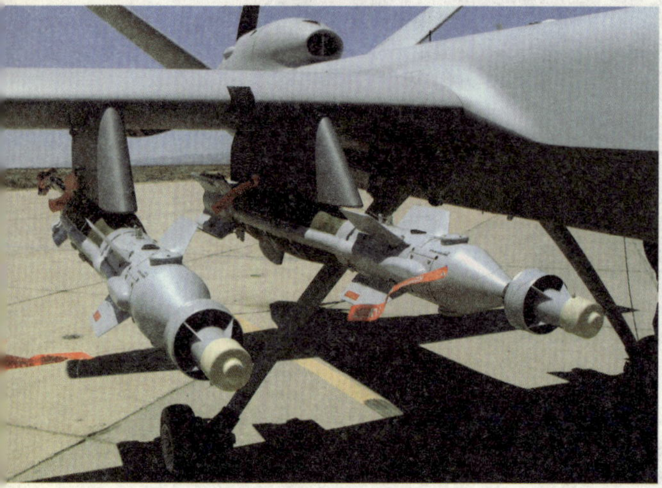

左图：雷神公司双模式GBU-49增强型“宝石路II”精确制导武器安装在MQ-9“收割者”的挂架上。2008年5月13日，在加州中国湖的海军空战中心武器分部“收割者”首次进行了GBU-49的GPS制导发射。在那天，成功完成了6次GBU-49武器发射，头两次投放不会奏效的武器来验证GPS制导功能。最后一次同时发射4枚导弹，即连续出击，其中3枚采用GPS制导、第4枚激光制导。3枚GPS制导导弹精确命中地面目标，激光制导导弹较接近目标。（美国空军）

“猎人-杀手”无人机研制工作，2001年2月首个概念原型机首飞。通用原子公司内部编号为“捕食者”B-001，配备盖瑞特艾雷赛奇的TPE-331-10T涡轮螺旋桨发动机，外形和RQ-1/MQ-1“捕食者”相似，但是翼展从48英尺拓展为66英尺。

接着，公司又制造了尺寸和B-001一样的“捕食者”B-002，但是改为威廉姆斯的FJ44-2A涡扇发动机。能飞到60000英尺高，但是航时由B-001的30小时降低为12小时，美国空军订购了2架用于试验评估。

第三架为“捕食者”B-003，是翼展84英尺长的全新型飞机，TP-331-10T涡轮螺旋桨发动机，续航时间36小时，为区别于早期的“捕食者B”，公司为其起名为“牵牛星”，NASA和空军都签订了这款改型机的生产合同。前者打算用在高空科学试验方面，而空军计划下一步武装后用作无人战斗机。

“牵牛星”一个实际应用是NASA和美国林务局合作的火灾地图测绘研究计划，这次行动的首次应用之一是在2006年10月埃斯佩兰萨大火中，NASA响应了加州应急部门的求救并跟踪了火势。

NASA继续使用名字“牵牛星”，空军在继续使用“捕食者B”名字几

上图：美国空军亚当·斯奈德上士、内华达州克里奇空军基地第432飞机维修中队的机组组长，对RQ-1“捕食者”无人机进行飞行后维护。（美国空军，技术中士詹姆斯·L.小哈珀摄）

年后的2006年采用了更为凶狠的名称“收割者”，以区分早期基于“捕食者”的MQ-1B改型机。据空军参谋部长米歇尔·莫斯利上将所说，和新武器系统致命性相吻合的“收割者”名字来源于战场上空军人员的建议。

这个名副其实的致命性武器编号为MQ-9，如果按进攻武器编号为“AQ-9”更为合理。“收割者”代表着无人机技术和应用上的重大革新，莫斯利上将说，“从伊拉克自由行动之前无人机基本承担ISR角色，‘收割者’已演变成真正的猎人杀手。”

和“捕食者”一样，“收割者”机身大部分由碳纤维复合材料制造，主要在碳纤维夹层中填入“诺梅克斯”蜂窝状纤维或“聚甲基丙烯酰亚胺”硬质泡沫材料。

美国空军称MQ-9携带有效任务载荷能力是“捕食者”的15倍。MQ-1基本携带AGM-114“地狱火”导弹，而MQ-9可携带杀伤力更强的空对地武器AGM-65“小牛”导弹，可用于打击如重型坦克的重要目标。非常巧合的是早于“持久自由行动”的30年前，在“火蜂”无人机上就进行了

"小牛"导弹早期产品的试验。MQ-9可携带的其他武器包括500磅重量级的炸弹。机体上武器挂架承载1500磅的武器，机翼中间挂架可承载600磅，两机翼前端挂架可各自承载200磅。

全装载时，MQ-9续航时间为14小时，如果再装载2个1000磅容量的额外燃油箱，飞机可在携带1000磅武器情况下飞行长达42小时。

2003年"伊拉克自由行动"爆发后"捕食者"地位发生了大转变。不仅得到操纵手们的赏识，还吸引了所有人的关注目光。战场成为无人机的用武之地，标志着它成为武器时代的到来。但是伊拉克战争拖延多年，战场条件和需求在不断变化变化，"捕食者"从闪耀的明星成为了持续作战的必需武器。

以"第二次法鲁加扫荡战"为例。2004年11—12月美国在伊拉克法鲁加城扫除街头的叛乱分子，在行动地点的头顶天空上有巡视的眼睛是必不可少的，但并不意味着就万事大吉。在之前的战争中由于不知道山外的情况如何会带来问题，通信缺乏会带来问题。在法鲁加，过多目标数据和通

下图：2009年10月5日，在伊拉克安巴尔省塔卡杜姆北部的幼发拉底河沿岸，美国陆军专业军士大卫·布朗是一名前线观察员，来自第82空降师的第一战斗旅的第504伞降步兵团一营C连，正准备发射"渡鸦"无人机监视桥梁工程周边区域。布朗的连队负责为伊拉克警察提供新公路桥工地的安全支援。（美国陆军，专业军士迈克尔·J.麦克劳德摄）

上图：第27特种作战飞机维修中队的美国空军下士雅各布·吉尔曼做MQ-9“收割者”无人机的右机翼安装准备。（美国空军，空军一等兵梅尼林因·德·拉·克鲁兹摄）

信信息的不可区分性同样存在麻烦。

当两组人在相同时间、不同视角观看相同物体时，必然会存在分歧。2005年10月沃尔特·布坎南将军同告诉说，“对于JTAC和地面指挥官们正在讨论的城市环境中的目标，让无人机操作手精确定位是相当困难的。从空中俯视拍摄法鲁加的照片中，整个城市完全是由平坦的棕色屋顶构成。如果从地面我抬头看到的是三座不同的建筑物，但从空中看它们的屋顶都连接在一起了。”

当问及对“捕食者”的看法时布坎南这样回答，“它给了我在头顶持久窥视的能力，这就是我所说的目标任务部分。其他飞机不可能这么长久、安静地在头顶上空巡视，如果需要可以数小时跟踪并解决掉一个目标。在这种有叛乱分子的环境中，长航时无人机具有实际应用意义，尤其是‘捕食者’所提供的能力。”

随着阿富汗和伊拉克内冲突的持续进行，“捕食者”的价值增加的同时任务量呈指数般增长。美国空军统计，2004—2008年，MQ-1在各战役中

左图：第27特种作战飞机维修中队的美国空军下士雅各布·吉尔曼安装MQ-9“收割者”无人机的右机翼。（美国空军，空军一等兵梅尼林因·德·拉·克鲁兹摄）

的空中巡逻增长了520%。从2005年7月到2006年6月的仅一年时间内，美国空军“捕食者”出动了 2073架次，参与的攻击行动多于242架次。

在2005年所发表的评论中，布坎南也道出在美国伊拉克战场上部署如此多飞行器所带来的问题，“在我们管辖区地面上空有一千架无人机，大多数在3000英尺以下飞行。如此密集的环境下确实有撞到直升机的可能。幸运的是，据我所知在碰撞中未有人员伤害。发生过碰撞到并致使飞机坠下的事情，但是人员未受伤。高于3000英尺时在高度上没有冲突。我在避免时间和水平空间上的冲突。但是人们还是依据自己的规则工作，在每个所负责区域的无人机飞行操作手并非都有能力化解上述冲突。”

从布坎南对的上述看法中能感觉到他对无人机心存犹豫，但是巴拉达空军基地第46远程侦察中队的弗雷德·阿特沃特上尉的下述言论中，体现他对无人机用途的深信不疑。

他在2006年6月《空军杂志》中评论道，“在伊拉克的每一次大型联合作战中，无人机都是重头戏。最有成就感的任务是护送地面步行中的巡逻士兵，引导他们通过敌人地盘安全回到所在驻地。”

对于无人机的使用，地面巡逻士兵可能和阿特沃特一样激动不已，而直升机飞行员们却和布坎南一样心存担忧。

除了空中拥挤外，困扰布坎南将军的还有伊拉克上空拥挤的电磁环境干扰着“捕食者”的使用。弗尔吉姆在2007年1月14日的《航空周刊》报道，在复杂电磁环境下美国的设备相互干扰。

弗尔吉姆叙述了一个例子，一个智能系统干扰了已锁定易爆炸设备（IED）的另外一个智能系统，同时也阻塞了侦察和通信系统。在阿富汗战场上数据链作用距离为120英里，而从伊拉克巴拉达机场起飞后相同的“捕食者”作用距离仅为35英里。问题最严重时需要将天线架设到110英尺高处以避免干扰。

“捕食者”在伊拉克战场上暴露的另一个问题是使用不当。地面指挥官请求使用无人机的时刻不是最佳，这样的行动势必会影响到了无人机的信誉，例如“捕食者”在寻找简易爆炸装置（IED）方面出现过的问题。

迈克尔·费布在2007年6月21日的《航空日报&国防报告》中报道，美国空军空中作战司令官罗纳德·克伊斯将军在战争转变会议上发表了评

下图：2010年5月20日，得克萨斯州伦道夫空军基地，隶属于州空军国民警卫队的美国空军上士萨科·卡萨特（前面右侧）向第558飞行培训中队的士兵们讲解MQ-1“捕食者”无人机传感器工作原理。这是为培训无人机操纵员的第一支中队。（美国空军，里奇·麦克法登摄）

论，“这是一种资源浪费，有人找我要一个‘捕食者’，我问道你要找什么？不幸的是，部队在做决断时依赖道听途说而不是进行科学分析。实际上，空军是否采取无人机行动取决于能否胜任这个任务要求，而不是因为无人机的可用性、高效性和持久性。我们应去攻击系统、网络及将IED放入的过程，而不是埋藏在其下面的物体。”

克伊斯将伊拉克的地面环境比喻成“废物堆积场”，使用“捕食者”在这样环境中寻找IED会经常误识别出假目标。空军司令部作战部署理念中赋予“捕食者”的使命是打击枪炮射击手和炸弹制造者，而不是埋在地下的炸弹。

## 各军兵种间的政策抗衡

关于战术无人机在伊拉克和阿富汗天空中的使用方式，各军兵种各持己见。同样，在另一个“作战”前线华盛顿，争执不下的话题是有关这些

下图：MQ-9“收割者”无人机从伊拉克巴拉德联合基地起飞。（美国空军，下士朱丽安·肖瓦尔特摄）

飞行器和它们的作战使用模式。

在2007年3月5日的备忘录中，空军参谋长迈克尔·莫斯利上将建议由空军接管国防部的所有UAV/UAS计划。作为所有中空（超出3500英尺）和高空无人机的执行代理，他认为理应由空军管理战术无人机的作战使用，包括陆军以及其他特殊用途的无人机。为解决有人机和无人机空域使用冲突问题，2005年时空军就提出相同的建议，本书前面引用沃尔特·布坎南将军的言论中曾有提及。

2005年时的建议被参谋长联席会议断然拒绝。但是，国防部的确在空军"捕食者"克里奇基地创建了联合无人机系统卓越中心。

"相同高度上飞行的所有无人机必须具有通用互操作的系统，以确保安全、无缝隙完成作战使命。"莫斯利在2007年的备忘录公开后，空军官方的声明中还予以强调，"作为中高空无人机的执行代理，空军会从头就将所有这些需求集成到无人机计划和采办过程中。"

下图：MQ-1B"捕食者"装载AGM-114"地狱火"导弹，美国空军威廉·博维上士进行装弹后检查，博维是第432飞机维修中队（AMXS）的 "捕食者"武器装弹员。（美国空军，技术中士迈克尔·霍尔兹沃思摄）

上图：2008年11月22日，在伊拉克巴拉德联合基地，美国空军技术中士弗雷德·斯皮尔斯给MQ-9“收割者”无人机安装卫通天线罩。新成立的“收割者”飞机维修分队成员来自美国空军和英国皇家空军的专业军士联合部队，隶属于第46远征侦察攻击中队，承担通用原子能公司“收割者”的维护任务。斯皮尔斯在第332远征飞机维修中队，是“收割者”综合航空电子专业军士。（美国空军，空军一等兵贾森·埃普利摄）

涉及的无人机包括空军的MQ-1“捕食者”、RQ-4“全球鹰”和MQ-9“收割者”，以及美国海军的广域海上监视系统（BAMS）。顺便提及，2007年时纳入BAMS系统下的无人机还有数个，但到2008年4月海军正式选定了“全球鹰”无人机。

较小型的低空无人机不在莫斯利建议的重点考虑范畴内。美国陆军在伊拉克战场上成功使用的战术无人机有翼展为8英尺的BQM-147“龙眼”和 RQ-11“渡鸦”（FQM-151“指针”的后继者），翼展分别是8英尺和4英尺。可是，陆军还有一些无人机，如 RQ-7“影子”（14英尺翼展），升限超过3500英尺。这些都是空军声称和他们的各类高性能飞机冲突的无人机。

“为提升战争效能我们能采取的措施是指定空军为中高空无人机的执行代理。”在2007年4月的记者招待会上莫斯利将军说道，“如果我看上去有些激动的话，是因为我相信联合飞行可以更有效和高效地发挥这些系统的功能。”

上图：在伊拉克巴拉德联合基地，美国空军下士赫克托·桑切斯擦拭MQ-9“收割者”无人机的螺旋桨上聚积的排气管所喷出的炭灰。新成立的“收割者”飞机维修分队成员来自美国空军和英国皇家空军的专业军士联合部队，隶属于第46远征侦察攻击中队，承担通用原子能公司“收割者”的维护任务。桑切斯是第332远征飞机维修中队的“收割者”机务长。（美国空军，空军一等兵贾森·埃普利摄）

由空军作为无人机的执行代理在各军兵种间引起了强烈争议，可谓一石激起千层浪，美国陆军和海军反对2005年空军向国防部的建议。迈克尔·法比在3月27日的《航空日报&国防报告》中报道，空军坚持增加协作、减少冲突是必须的。对此提议陆军回应说伊拉克和阿富汗战场的地面指挥官们必需直接控制陆军的无人机。

“对于我来说感觉很好，所有在3500英尺以上高空飞行的无人机都是接受空中任务命令（ATO）管理，确实没有冲突存在了。”曾反对2005年的空军建议的联合参谋部主席海军彼得·佩斯将军在4月份的报道中说，“但是我们不能无视地面部队由特定无人机才能完成的任务需求，我们应来看看这些无人机行动由谁掌握控制权更为合理。而且如果空军能够替代陆军完成某些任务，是值得考虑的。”

联合参谋部主席对莫斯利的建议没有完全反对，而其他联合参谋部成员在政治上立场绝不中立而且态度坚决。后来接任佩斯为联合参谋部主席的海军作战司令员米歇尔·穆伦上将在3月29日说道，“我已看过备忘录，反对其中的提议。”

陆军是竭尽全力反对。

“我们彻底不同意，其他军兵种和联合参谋部也一样。”陆军航空主管陆战队准将史蒂芬·蒙特将军在《国防日报》的采访中说到，“有人跟我解释说空中飞行航路成为核心竞争力，我的直升机飞行高于3500英尺，并不意味着他们就属于空军。”

以RQ-7为例，升限16000英尺，蒙特尽力解释在战场由空军为陆军控制使用无人机所带来的难题。

蒙特挖苦地暗示到，“如果基于空军的提议规划，我给他们‘影子’，必须提出请求后才能使用简直是可笑之极。”

在陆军人的记忆中，还会浮现的情景是在2002年3月的“蟒蛇行动”中，陆军部队遭到阿富汗的山区里“基地”组织的猛烈攻击。如果那时部队使用了“捕食者”或者相同类的无人机，情形就不会如此了。

“如果在我们到达那之前有更多的无人机能够执行攻击任务，我们就不会遇到这种问题了。”《国防日报》中报道了罗伯特·努南上校的一段

下图：2008年10月15日，在伊拉克巴拉德联合基地，美国空军的MQ-9“收割者”无人机停在机棚中。比MQ-1“捕食者”尺寸大、能力强，“收割者”可携带3750磅以上的激光制导炸弹和“地狱火”导弹。这架“收割者”隶属于第46远征侦察攻击中队。（美国空军，技术中士埃里克·古德曼德森摄）

话，“我们并不需要无人机多机集群作战，如果每个分队拥有无人机我们就会感到很强大。”

空军情报处指挥官简·马尔科·尤阿斯准将，在2007年3月28日回应到，“蒙特的刻薄评论反映出早期由于军兵种独立作战的缺陷，更好地表明了需要减少无人机计划的竞争性和任务冗余性。”

“当我们有人机空中飞行时，一些陆军飞行员在操纵无人机飞行。”空军作战司令部司令员罗纳德·克伊斯将军说道，“某些情况下，我们的确需要互相竞争。”

空军官方实时记录单中声明，“目前，中高空无人机投资预算降低百分之十以上是可行的，国防部不能再承受各军兵种间烟囱式的低效率发展。”

“在此‘烟囱’为贬义词，指人为的设计壁垒阻止外部组织进入。”丽贝卡·格兰特在2007年7月的《空中杂志》中解释到。

她继续说，空军的特定目标是促使一些潜在可行的融合，将相近的空军“捕食者”和陆军的“天空勇士”计划整合，以及空军的“全球鹰”和海军的BAMS“全球鹰”进行合并。将这些系统的采办权归属空军后，会节

下图：美国空军下士瓦莱里奥·门多萨，隶属于第432飞机维修中队（AMXS）的武器装载员，将一枚不会生效的AGM-114“地狱火II”空-地导弹装载到MQ-9“收割者”无人机上。（美国空军，空军一等兵布雷特·克拉施曼摄）

约成本、消除重复，直接将经费投入到最有用之处。

她指出，陆军反对原因是基于这样的假设，陆军无人机系统应由地面部队人员构建管理或者是空军无人机可能不满足地面部队的需求。换句话说，地面指挥官更愿意得到陆军无人机操作人员而不是空军的支持。

针对蒙特和其他军兵种人员的喋喋不休的争论，ISR部的副主任空军大卫·德普杜拉上校指出，“当空军管理例如‘捕食者’的无人机时，会在联合命令下部署使用。”

“目前，空军所有的‘捕食者’无人机都归中央司令部所有。”丽贝卡·格兰特的文章引用德普杜拉的话，“中央司令部指挥官将它们基本部署在阿富汗和伊拉克之间的主要区域，分配给各指挥官的中高空长航时无人机都能很好地执行任务。又例如，GPS完全归空军所属和管理使用，但是它的功效众所周知，所有军兵种都依赖它。和GPS一样，中高空无人机也可以如法炮制。”

但是，结果未能如空军所愿。2007年9月13日，国防部副部长戈登·英格兰正式裁定否决了美国空军作为所有高空无人机执行代理的建议。

下图：在第432飞机维修中队的一次训练中，罗德里克·帕尔莫尔上士在观看空军下士弗雷迪·莫拉莱斯和瓦莱里奥·门多萨的操作，将一枚不会生效的AGM-114“地狱火II”空-地导弹装载到MQ-9“收割者”无人机上。（美国空军，技术中士迈克尔·霍尔兹沃思摄）

右图：北达科他州大福克斯空军基地的一间机库，美国海关和边境保护局首架进驻美国北部边界的MQ-9无人机，这架飞机用于加强美国与加拿大的边境安全。（国防部，二级军士长戴维·H.利普摄）

四天后的《航空日报&国防报告》中艾米·巴特勒报道称，“作为空军为执行代理的替代方案，英格兰部长指出跨军兵种间的任务组可以推动解决无人机的互操作性以及高效性。此方案也能消除海军的担心，空军会囊括价格不菲的无人机合同。

无论上演的冲突是在伊拉克空中还是华盛顿的国防部，美国陆军一直认为如果在“蟒蛇行动”中有自己的无人机，情形会截然不同。“蟒蛇行动”和伊拉克战争的进行过程中，陆军逐渐意识到不能从空军“捕食者”无人机及时得到所需要的服务支持。

陆军的看法也并非完全有道理，“捕食者”由远在万里的联合空中作战中心（CAOC）控制，很自然陆军指挥官需要有相当攻击能力的无人机，和陆军侦察机一样由旅级或更小单位管理。

陆军官员们抱怨说，他们经常需要在作战行动计划的几天前就预定“捕食者”，即使这样还经常在需要时不能得到支持保障。

对此空军的回应是，“捕食者”20小时的飞行过程通常可以满足多个地面指挥官的需求，但是当地面战术条件改变时会有指挥官提出要求增加驻留时间，显然就会影响后续计划清单中地面指挥官的任务需求。

美国陆军航空指挥部总部的罗伯特·卡达维大校深谙其中原委。他指出，敌人不会按预定的日程行动，地面指挥官需要适应变化的能力因为他们知道不可能还按照三天前的计划执行。

尽管如此，地面指挥官的借口归借口，空中支持还是相当必要的。美陆军训练和条令司令部（TRADOC）无人机主管杰弗里·卡普曼上校，在2008年的第二季度的《联合部队季刊》中写道，“作战单元和敌人会有物理上接触时，通过传感器的连续覆盖至关重要，这样能够在战争中取得主动地位从而取胜。在作战支持保障方面，所有战术层级（师级或更低）的陆军指挥官都意识到了对无人机的需求。现在无人机在支持战术机动部队上的最大不足是仍停留在师级的层次。”

卡普曼重点强调，“复杂的地形环境致使作战行动中排级的风险在分秒钟发生，和敌人物理上接触的部队不可能容忍这样的等待，使用无人机的请求从师级发送到航空陆战队，然后传送到联合部队后需再等联合部队领导层重新分配任务，如果得到允许接着等待无人机顺着航线沿途飞抵地面部队。”

在后来2009年陆军态度声明中的概括，“机动部队必须能够实时地检测、识别和跟踪目标以警告友军部队，充分利用时敏性优势在物理接触前感知环境态势。”

加快鲁棒性武装无人战斗机的开发是达到此目标的途径。美国陆军已采取措施将主动权掌控在自己手中，在2002年启动了广域多用途（ERMP或ER/MP）无人机竞赛项目。

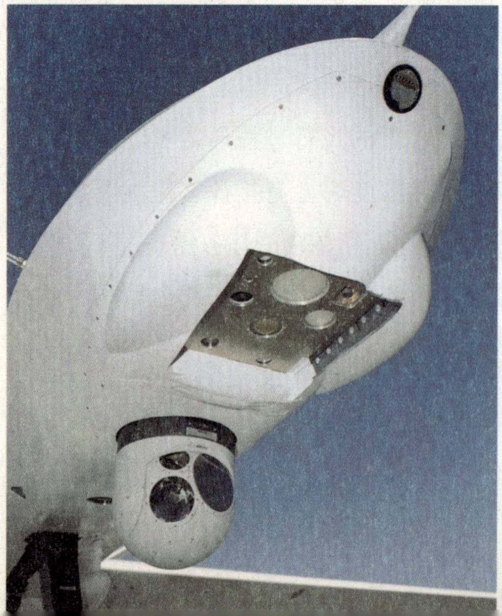

左图：2005年，国家海洋和大气管理局（NOAA）和NASA试验的通用原子能“牵牛星”，在机头部位安装了光电/红外、海水颜色传感器，以及一台无源微波垂直声呐传感器。（NASA，汤姆·奇达摄）

尽管关于无人机的使用争端在国防部展开，陆军正朝着自己渴望的武装无人战斗机努力。起初，他们对IAI和TRW的RQ-

5“猎人”升级计划感兴趣。虽然陆军在RQ-5上试验轻型武器载荷，但是“猎人”和后继者 RQ-7“影子”都是作战半径在几十英里的小型飞机，不可能装载重量级的进攻武器载荷来支持地面任务。

与此同时，通用原子公司提出了“捕食者”改进型，这和陆军的必要需求相吻合。

2005年8月通用原子公司的建议被采纳，2.14亿美元的合同用来系统开发与演示验证。计划采购132架飞机和55套地面战，组成11个ERMP“系统”，大概经费为10亿美元。

起初，公司内称ERMP飞机为“天空勇士”，官方名为“勇士”避免和道格拉斯半世纪前服役美国海军的有人轰炸机A3D“天空勇士”，（后来编号 A-3）混淆。

在编号上陆军希望“天空勇士”能按照“Q”系列来编号。“收割者”和“天空勇士”都是从“捕食者”演化而来，“收割者”获得了全新的MQ-9编号，因此给“天空勇士”全新编号看起来顺理成章。但是，国防部并没有将“天空勇士”编号为 MQ-12，而是将其确定为“捕食者”的改型，于是这个新飞行器编号为MQ-1C。

国防部副部长戈登·英格兰最初反对空军作为高空无人机的执行代理，后来支持将“捕食者”和“天空勇士”的采办程序进行整合。该程序有降低陆军自主权的趋势，但是国会也趋向认同，因为会节约百分之十的潜在财政开支。

在之后2009年4月的《武装周刊》中，空军大卫·德普杜拉中校和退役的哈罗德·巴克亚当斯准将解释了无人机硬件采办上的一些事宜。他们指出无人机系统的采办需要基于联合作战原则来确保各军兵种间的不重复性。与此同时，联合作战指挥官应该在各种层次上满足各军兵种的需求，包括战术、战役和战略方面。

MQ-1C机身长28英尺，比MQ-1B长1英尺，翼展56英尺，几乎比

MQ-1B长8英尺。C型和“捕食者”外形一样，但是“天空勇士”更大的凸出整流罩能够容纳合成孔径雷达/地面运动目标指示系统（SAR GMTI），在整流罩下还装有AN/AAS 52多光谱目标系统。可携带四枚AGM-114“地狱火”导弹，或者GBU-44“蝰蛇打击”制导炸弹。MQ-1C的续航时间设计为36小时，不如“收割者”长，但是和MQ-1B“捕食者”相当。

当2005年新的“天空勇士”ERMP开始研制时通用原子公司开发了一个过渡性的飞机，陆军可用来提前部署作战以对“天空勇士”系统进行战场测试，这一机型是基于通用原子公司早期的“国际纳蚊”，和1998年的“捕食者”为同时期的无人机。

“国际纳蚊”的作战半径拓展型（I-Gnat ER）命名为“阿尔法勇士”。据报道，有16架用在海外战场中，其中：9架在伊拉克，3架在阿富汗，另外4架在其他未指明的国外战场。2007年11月3日的《国防新闻——自动化指挥系统（$C^4$ISR杂志）》中报道，“阿尔法勇士”飞行时间超出6000小时，在伊拉克支持消灭3000名叛乱分子。

但是，实际上RQ-5“猎人”是陆军首个用来摧毁敌人目标的无人机。2007年9月1日，两名叛乱分子被GBU-44“蝰蛇打击”导弹击中，在阿森纳红石兵工厂的无人机系统公司项目经理理唐黑兹尔·伍德大校描述说，“这次打击行动是陆军武装无人战斗机的首次经证实的实战使用。”

他选择“首个经证实”来描述的意思

左图：2005年4月，国家海洋和大气管理局与NASA无人机进行飞行验证的“牵牛星”俯视图，安装的载荷包括卫星天线、光电/红外和海洋颜色传感器（前）。（NASA，汤姆·奇达摄）

是，在此之前已有实战使用说法，同期的“阿尔法勇士”也携带AGM-114“地狱火”导弹飞行。

2007年4—11月，陆军能够显示无人机获取动态图像的视频终端数增加了5倍，已达到1000台左右。红石兵工厂公共事务处的金姆·亨利在新闻发布中写道，去往伊拉克路途中的M1126“史崔克”装甲车上安装了这种终端，视频终端也安装在AH-64“阿帕奇”武装直升机的座舱中。

“天空勇士”通过AAI公司开发的“统一系统地面控制站”（OSGCS）控制，最初为 RQ-7“影子”系统组成之一。“统一系统”由陆军和海军陆战队联合使用来操纵战场上的多架无人机，获取的多个视频融合处理后进行分发。实际上陆军使用“统一系统”来操纵自己全部的无人机，在2008年10月的“天空勇士”的应用演示中，“统一系统”可以完成无人机的自主起飞与着陆。

两个军兵种间存在的另一个分歧是无人机飞行员级别问题。空军让军官来操作所有类型的无人机，而陆军和海军陆战队是从新入伍士兵中选拔无人机飞行员。

卡普曼大校解释了陆军的理由，“让新选拔士兵而不是重新任命已有官员作为无人机飞行员具有明显优势，相对后者的短暂操纵生涯而言，新选拔士兵整个军队之旅都来操纵飞行无人机。多年经验使得他们技术娴熟、手艺精通，从而减少事故率和成本开销。”

卡普曼支持陆军无人机由自己控制，不能把攻击能力交给遥远的联合空中作战中心控制人员的手中。当然，也有分歧看法。

丽贝卡·格兰特在《空军杂志》中写道，“MQ-1C给予陆军系统有机一体的能力，可问题是陆军‘天空勇士’只能通过地面组件规划任务。依此推理，每个独立部门拥有自己的中空无人机来进行ISR和打击作战，但是各部门之间无法共享。和‘史崔克’装甲车一样，‘天空勇士’可作为单元设备之一配置，可以在其他军兵种掩护下飞回驻地。”

左图：2006年10月，“牵牛星”无人机多次飞越加州的埃斯佩兰萨协助灭火工作，吊舱里安装有一台高技术红外成像传感器。（NASA）

实际情况是陆军想创建特定的航空营来使用“阿尔法勇士”，最终形成整个MQ-1C无人机部队。

陆军参谋部副部长理查德·科迪将军下令将特定的MQ-1C航空营取名为ODIN特遣部队[为观测、检测、识别和断定（Observe，Detect，Identify，Neutralize首字母缩写）]，但是奥丁（Odin）也代表着北欧神话中异乎寻常的主神，特种部队的徽章是一个挥舞着矛的奥丁神。

在得州的胡德堡组装好后，ODIN首次在2006年10月部署到海外伊拉克中北部的提克里特市。甚至在MQ-1C首飞前因“阿尔法勇士”和第25步兵营联合作战的表现，特遣部队得到了集体功绩嘉奖。

2008年4月15日MQ-1C“天空勇士”首飞，通用原子航空系统公司的航空系统组负责人托马斯卡·西迪发表了提前准备的声明，“陆军营级和营级以下的战术指挥官现在可进一步获取目标捕获（RSTA）信息，为地面部队提供更多保护。”

2007年，ODIN特遣部队和“阿尔法勇士”很少被提及。当国防部争端战争进行时陆军秘密将“天空勇士”用于伊拉克战场的行动中，当空军试图成为无人机的执行代理后“天空勇士”是陆军通往独立大门的钥匙。

陆军使用无人机的计划不仅局限在伊拉克战场。引用陆军无人机系统项目副主管蒂姆·奥因斯的话，克里斯·奥斯本在2008年12月12日的《陆军时报》中写道，“陆军计划把无人机部署到非洲、南美用于新的反叛乱和反恐任务，并加强在阿富汗的行动。”

“我想你们将看到新开发的多种能力。可以将有人机侦察机和攻击机传感器用在无人机平台上。通过这种体系结构获得很强的互操作能力。”奥斯本说道，“将陆军‘黑鹰’和‘基奥瓦’直升机的能力改进复用在‘影子’的软件模块中。”

如果“阿尔法勇士”算很少提及的话，更少提及的是MQ-1C首次到达战区之事。虽然通用原子公司直到2009年3月才将首架“批次1”MQ-1C交付陆军，在ODIN任务下2架“批次0”的原型机已经在伊拉克战场上数月之久。陆军无人机系统项目副主管蒂姆·奥因斯解释说，“‘批次0’是在‘批次1’后加入的，以便陆军在MQ-1C平台和蒂勒尔特柴油发动机可靠性方面积累经验。”

ODIN特遣部队逐渐在媒体中出现，意味着美国陆军有构建“内部空军”的想法。“虽然陆军拥有攻击直升机和小型固定翼飞机。‘天空勇士’为陆军提供了固定翼战斗机。”2009年3月8日的StrategyWorld.com网站中报道，“自从1947年美国空军从过去的陆军航空部队中独立后，陆军现在使用着导弹、固定翼战斗机以及其他武器。在空军接受无人机并非

下图：2005年11月中旬，国家海洋和大气管理局与NASA联手使用“牵牛星”无人机进行了一系列环境科学飞行验证。在南加州海岸的海峡群岛上空飞行期间，飞机上的传感器采集了海水颜色和大气化学测量值，并观察了海洋哺乳动物和生存环境。飞行还完成了低潮时海岸线测绘和海峡群岛国家海洋保护区内NOAA的执法监督。在同一周早期的一次任务中，“牵牛星”在加州中北部外海沿岸以及数百英里外的海洋持续飞行了18.5小时，采集了相似的数据。NASA与通用原子航空系统公司协作使用“牵牛星”，并为NOAA提供任务管理建议。（NASA，卡拉·托马斯摄）

自己独立拥有时，陆军立刻着手构建自己的新型空中力量。”

《纽约时报》也发现了ODIN特遣部队，认为这是陆军从不甚热情的空军处抓住空中控制权的方式，特遣部队代表着陆军脱离联合作战、走向自我独立的趋势。

最终陆军能看到“天空勇士”队伍比ODIN特遣部队发展更快。在2008年年底，陆军航空部副主任兰迪·洛蒂大校说，陆军计划在共计11个的每个航空战斗旅中装备12架MQ-1C。

2008年6月22日汤姆·杉克尔在《纽约时报》写道，“自从二战后，陆军的军用飞机给了新成立的空军后，士兵们依赖空军兄弟提供空中支持，从轰炸、运输掩护到侦察。但是，在伊拉克和阿富汗战场上二者关系出现破痕，陆军指挥官对空军未发挥作用的抱怨不断增加。陆军官员说在伊拉克经常联系不上空军，在熟练的侦察任务中半途退出，例如在陆军指挥官需要搜寻路边炸弹和跟踪叛乱分子时。”

2009年的美陆军对外声明说，在寻找路边炸弹或者对易爆炸设备的持久空中和地面侦察任务中“天空勇士”成为关键武器，在伊拉克建立了ODIN特遣部队来观测、检测、识别和断定IED网络，现在拥有26个有人和无人空中平台专门进行IED侦察。ODIN特遣部队成功进行后决定在阿富汗成立相同的组织，人力和设备正在组建中。

杉克尔也提及了在国防部播放的无人机视频中一个机密片段，其中一个叛军分子正在用手掌抹去炸弹的灰土，这个炸弹是深夜时他埋在车队主要行进路线上的。片刻后，“经头顶上无人机侦察机提示，阿帕奇的30毫米口径枪击中了他。”

在杉克尔的文章中提及，作为提高战场侦察能力的有效方式，相比于空军领导者的挫败心情国防部长盖茨对陆军的首创性很感兴趣。

国防部新闻发言人杰夫·莫雷尔说，国防部长盖茨想确保不仅有从上到下的系统解决方案，还需注意所有能起作用的方式。

# 5 无人机队伍的发展壮大

在将“天空勇士”部署应用的同时，美国陆军也在开辟战术使用无人直升机的新天地。由诺斯罗普·格鲁门公司为美国海军开发的RQ-8“火力侦察兵”在2002年首飞，它是按侦察机设计的，成为美国第一个用于武装战斗的无人直升机。

就当“捕食者”在监管的地盘大显身手、声名远扬之际，发展无人直升机的呼声也不断高涨。正如有人直升机在朝鲜和越南战场推动了战术方

下图：2009年，诺斯罗普·格鲁门的MQ-8B“火力侦察兵”停放在美国海军导弹护卫舰“麦金纳尼”号（FFG-8）的飞行甲板上，机组人员准备将其部署到拉丁美洲。（美国海军，大众传播专业二级军士艾伦·格雷格摄）

左图：2010年4月16日在佛罗里达州的梅波特，一架MQ-8B“火力侦察兵”垂直起降无人机在完成其首次作战后，从美国海军导弹护卫舰“麦金纳尼”号（FFG-8）收起。（美国海军，大众传播二级专业军士尼尔·盖伊摄）

式的革新，自主飞行的无人直升机可能会改变21世纪的作战方式。无人直升机领域的开创者有波音公司的X-50A“蜻蜓”和诺斯罗普·格鲁门公司的RQ-8A“火力侦察兵”。

1998年5月，基于波音鸭式旋翼/机翼(CRW)专利设计、由波音和DARPA共同出资开发名为“蜻蜓”的旋翼飞机，主旨是将直升机的盘旋效率、低速飞行特性和固定翼的高亚音速巡航速度进行有机结合，X-50A设计成能在小型舰船甲板的有限区域起飞和着舰，在旋翼和固定翼间模式之际快速切换。

波音鬼怪工厂部门设计后，“蜻蜓”X-50A在亚利桑那州梅瑟的波音直升机开发与生产工厂制造，这里曾经是生产出AH-64阿帕奇直升机的休斯直升机公司所在地。

两架X-50A中的首架在2001年完成制造，2003年12月4日早晨在亚利桑那州的美国海军陆战队尤马机场首飞。首飞中发现了严重缺陷，4个月后的2004年3月23日在尤马机场首架X-50A发生事故后损坏。第二架X-50A接着完成了6次飞行后，2006年4月12日在尤马机场坠毁。因为两架原型机在都未成功完成前向飞行方式转换，DARPA在2006年9月终止了“蜻蜓”计划。

上图与左图：隶属于美国海军第42轻型反潜直升机中队（HSL）第7特遣队的二级航空机械师助手斯科特·申克和三级航空结构技师塞尔吉奥·门多萨，将美国海军导弹护卫舰“麦金纳尼”号的两架舰载MQ-8B“火力侦察兵”垂直起降无人机中的一架主旋翼叶片卸下。（美国海军，大众传播二级专业军士尼尔·盖伊摄）

与此同时，美国海军在垂直起降战术无人机（VTUAV）计划支持下研究评估了不同提案，探索利用无人机平台为海军陆战队登岸时提供侦察和目标定位支持。特里达因·瑞安、贝尔和西科斯基三家承包商提交了方案。2000年2月，瑞安公司的“火力侦察兵”方案入选，基于施韦策飞机公司的300型有人涡轮直升机，已经超过了2千万小时的飞行验证。

起初，海军计划在舰船上用“火力侦

察兵”替代RQ-2“先锋”侦察机使用。而且，“火力侦察兵”比预期表现得还出色，如诺斯罗普·格鲁门公司所说，“与‘先锋’相比，VTUAV的小型起落架减少了对甲板的冲击力，使得战术无人机的使用范式发生了根本性的转变。”

2000年2月，诺斯罗普·格鲁门公司得到0.93亿美元的成本附加奖励合同用于VTUAV计划的生产开发阶段。基于合同资金，海军将会得到包括3架飞机的一套系统，以及技术手册、飞行保险、使用和维护培训以及服役前的技术支持。要求飞机具有超过6个小时的连续侦察能力，作战半径达到100英里。

“火力侦察兵”机上的任务传感器包括光电/红外系统和激光目标指示器。激光指示器成为舰船上扩展范围制导武器（ERGM）的“力量倍增器”，如0.5英寸口径机枪和陆地攻击导弹，VTUAV还能完成实时战场毁伤评估功能。

海军规划人员也要求了任务设备扩展接口功能，包括反水雷措施、战

下图：诺斯罗普·格鲁门的MQ-8B“火力侦察兵”垂直起降无人机旋翼桨毂的细节特写。（美国海军，大众传播二级专业军士尼尔·盖伊摄）

上图：诺斯罗普·格鲁门的MQ-8B“火力侦察兵”无人机在部署到拉丁美洲协助缉毒行动期间，在大西洋上空飞行。（美国海军，大众二级传播专业军士艾伦·格雷格摄）

场管理、生化武器侦察、电子信号情报、电子战、战役搜索营救、通信和数据中继、信息战、舰载导弹防卫和反潜艇战。

2001年夏天交付后，2002年5月19日在加州中国湖的海军航空系统司令部西方测试场首架官方编号为RQ-8A的“火力侦察兵”首飞。飞行测试未出现“蜻蜓”计划中的缺陷，2003年下半年在丹佛号军舰上首次舰上飞行。经历了很长一段时间后，“火力侦察兵”成为第一个不需飞行员控制在移动的美海军舰船上自主着舰的无人机。2006年1月，RQ-8A在帕塔克森特河附近的马里兰州海岸的纳什维尔号(LPD-13)船坞上着舰，纳什维尔是奥斯丁级的水陆两栖运输船。

与此同期的2004年，美国陆军选择“火力侦察兵”用于未来战役系统（FCS）计划。给予诺斯罗普·格鲁门公司1.15亿美元合同开发“火力侦察兵”的改型机，编号为RQ-8B，定位在第4级无人机系统。陆军认为它是旅级作战单位战术情报、侦察、监视和目标定位的核心武器。

RQ-8B无人机和海军的RQ-8A“火力侦察兵”类似，但采用4叶片而不是3叶片的旋翼转子。系统使用改进的机翼旋翼叶片以增强性能，有效任务载荷能力增加到600磅，装载燃油60加仑。RQ-8B也升级了传导系统以充分利用发动机的有效马力。

2004年起，英国国防部进行了将“火力侦察兵”用于国家“守望者”无人机战场图像和情报计划的论证工作。“守望者”计划中打算全部更换英国生产的固定翼“凤凰”无人机，在诺斯罗普·格鲁门公司的“火力侦察兵”产品演示样机上配置了通用原子公司的“山猫”全天候、高分辨率的战术合成孔径/动目标指示（SAR/MTI）雷达。

但在2005年时，英国又决定购买“欧洲制造”产品。和法国泰勒斯（之前为Thompson-CSF）航空系统公司英国分公司签订合同，对以色列埃尔比特公司的“赫尔墨斯”450型固定翼无人机进行改型来满足“守望者”计划的需求。

而在美国，“火力侦察兵”迅速从过去仅为侦察平台的圈子中跳出，新改“B”型机重新编号为多任务型MQ-8B。对于此改型陆军和海军都饶有兴趣，其中安装了两套4厢2.75英寸火箭发射器，用于发射先进精确打击武器系统（APKWS）的激光制导火箭。2005年，诺斯罗普·格鲁门公司在尤马试验场进行了系统试验。

“火力侦察兵”项目经理道格弗罗·纽斯跟《海上力量》杂志的理查德·伯吉斯开玩笑说，“我们具备摧毁亚利桑那州的能力，但是那次试验的真正目的是演示发射该类武器的能力，结果证明我们相当成功。测试数据非常理想，从中海军对相关技术水平充满了信心，能够满足武器路线图的发展需要。”

左图：诺斯罗普·格鲁门的MQ-8B“火力侦察兵”靠近美国海军“哈利伯顿”号（FFG-40）的飞行甲板，一架西科斯基SH-60“海鹰”有人直升机在它上面伴随悬停着。（美国海军）

上图：2011年1月的多模式复合制导投放试验足以载入航空史，一架卡曼航空公司的K-MAX无人直升机在海拔10000英尺的高空投掷。这个项目是由美国陆军马萨诸塞州纳蒂克士兵研发和工程中心承担的。（洛克希德·马丁）

下一步海军计划在海岸战场侦察和分析系统（COBRA）中配备MQ-8B，用于检测浅水处的水雷。可考虑的武器载荷包括APKWS，GBU-41“蝰蛇打击”激光制导智能炸弹，以及低成本图像制导火箭和通用超轻型鱼雷。在2009年，海军计划购买168架MQ-8B无人机。

在21世纪的头十年中，美国海军打算将“火力侦察兵”部署在新型自由类的小型滨海战斗舰（LCS）上。但直到2006年时首艘“自由号”（LCS-1)才开始投产，2年内也不可能完成，海军又改变主意打算将它转移到护卫舰上部署。2009年5月，首次部署在麦金纳尼号（FFG-8）激光制导护卫舰上进行了飞行试验。

伯吉斯在《海上力量》杂志中阐述了弗罗纽斯的看法，护卫舰比较狭小的飞行甲板需要在右舷回收系统上增加额外的带格子平台，来安放MQ-8B和SH-60“海鹰”直升机。与此同时，在原来的RIM-67标准导弹控制单元位置安放了“火鹰”（Fire Hawk）的地面控制站。

2009年9月，也是在麦金纳尼号军舰上MQ-8B进行了首次实战部署。分配到支持美国南方司令部的第4舰队，护卫舰上的2架“火力侦察兵”作

左图：美国陆军纳蒂克士兵研发和工程中心测试评估卡曼航空公司的K-MAX无人直升机，该中心属于美国陆军研究开发和工程指挥部。（洛克希德·马丁）

为航空舰队组成之一监视快艇上的毒品走私人员，这次陪伴“火力侦察兵”的是中美洲可卡因海岸的温暖海水，而不是西南亚的荒凉大漠。

当提及在21世纪头十年为美军方开发的无人直升机时，“火力侦察兵”自然是荣居榜首，也紧扣本书武装无人战斗机的主题。但是还有2个重要的非武装无人机，如果不提及它们对于无人直升机的家族肯定是残缺的。而且，这2种无人机都具备武器加装能力，并且这种能力似乎经常会被试验到。

CQ-10A “雪燕”于2001年4月首飞，起初设计用于在敌空上方播撒传单，但后来被美特殊作战司令部改为用来在充满敌意的环境下给部队投掷小型关键物品。“雪燕”无人机用于米斯特机动集成系统技术公司（MMIST）“夏尔巴人”GPS自主制导翼伞自动投送系统，完成小型货物的精准投放，全部货物载重量为600磅。

海军空中系统司令部的无人机专家克拉克·布特纳曾告诉美军新闻社的吉姆·加拉蒙，“摩加迪沙（1993年，黑鹰计划发生地）是‘雪燕’类无人机的

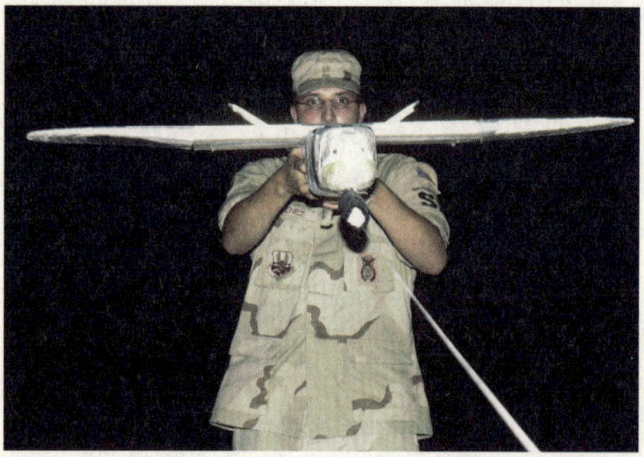

右图：第379远征安全部队（ESF）的空军下士亚历山大·希门尼斯，作为周边安全行动任务之一，正准备手动发射洛克希德·马丁的“沙漠鹰”无人机。（美国空军，里贾纳·贝克中士）

左图：RQ-7“影子”无人机（UAV）装有摄像机，如同地面部队在空中的眼睛，这架14英尺的监视者不分昼夜地监视着敌方巡逻队。（国防部）

最佳用武处，陆军的突击队员在执行任务时没有携带夜光设备（NOD），这个无人机能够投放NOD、血浆和弹药。”

飞行前可在小型便携机上规划完成CQ-10A的任务剖面，规划系统由加拿大的米斯特机动集成系统技术公司（MMIST）研制。

其他用于投放小型、高价值军用物品的旋翼无人直升机包括OH-6“小鸟”军用直升机的远距离供电改型机，卡曼的K-Max民用直升机和A160“蜂鸟”。

“蜂鸟”最初由圣地亚哥的前沿系统公司开发，该公司在2004年5月合并到波音。基于改进轻重量级的“罗宾森”R-22直升机“蜂鸟”在2002年1月首飞，DARPA和陆军对其做了大量的验证工作，美国海军的空战中心飞行器分部评估了它适应多种任务载荷下的远

右图：2009年4月6日，在阿富汗扎布尔省拉格曼前线作战基地，美国陆军欧洲集团军第四步兵团一营B连的美国陆军专业军士布雷特·安德森发射航空环境公司的RQ-11“渡鸦”无人机。（国防部，美国陆军亚当·曼奇尼上士）

左图：伊拉克士兵在巴格达搜查联合安全站的周边地区时，美国陆军第一骑兵师第一旅战斗队第五骑兵团第二营（骑兵2-5）的专业军士卡尔·特里恩发射一架航空环境公司RQ-11“渡鸦”无人机以提供安全支持。（美国陆军，专业军士约书亚·鲍威尔摄）

程垂直起降军用性能。

最初，配备了系列类型的汽油活塞发动机进行飞行，但是后来A160T确定了普拉特·惠特尼公司的涡轮发动机后于2007年6月首飞。2008年5月的A160T飞行中，在美陆军亚利桑那州的尤马试验场验证了20000英尺高空不受地面影响时的悬停能力，飞行了18.7个小时，着陆时还剩下90分钟的燃油量，在国际航空联合会中创造出无人直升机不加油连续飞行航时的最高纪录。

下图：2011年1月22日，加州厄温堡的国家训练中心（NTC），美国陆军下士肖恩·康奈尔（左）为陆军参谋长乔治·W.小凯西上将（中）演示发射航空环境公司RQ-11“渡鸦”无人机。NTC的任务是根据当前战争形势培训指挥官和士兵。（美国陆军，D.迈尔斯·卡伦摄）

左图：2010年8月21日，北卡罗莱纳州海军陆战队新河航空站西南部一次野外训练演习中，在戴维斯北前线侦察基地（FOB），第272陆战队航空联队支援中队（MWSS-272）的海军陆战队员将一块电池装入RQ-11B “渡鸦”中。MWSS-272负责作战前的野外训练演习，来测试前线环境中陆战队航空联队支援中队人员和装备的技能。（美国海军陆战队官方，詹姆斯·克莱因下士摄）

2009年5月，美国特殊作战司令部（SOCOM）宣布计划采购20架A160T“蜂鸟”，代号为YMQ-18A，这些飞机会携带DARPA开发的“森林人”树叶穿透雷达。斯科特·比尔大校对《飞行国际》的史帝芬·特林布尔说，作战部发现“蜂鸟”是唯一满足SOCOM所要求的长续航时间无人机，也期望MQ-18A的产量能超过诺斯罗普·格鲁门公司为陆军四级无人机系统中配置的MQ-8B“火力侦察兵”。

比尔说“蜂鸟”也可以满足海军陆战队把军用物资快速部署到伊拉克或阿富汗的需求。面向特殊作战任务，“蜂鸟”可兼用作无人攻击机和无人侦察机。

虽然“天空勇士”能完成陆军旅级所要求的能力，伊拉克的天空依旧存在冲突，无人机的指挥控制

左图：2009年6月2日，在伊拉克维金的战斗前哨，海军陆战队七团一营A连的美海军陆战队一等兵唐纳德·格洛弗组装RQ-11B “渡鸦”无人机。海军陆战队正在测试该飞机以获得连级的侦察信息和情报。（美海军陆战队，罗伯特·S.摩根下士摄）

环境复杂程度不断提升。2008年，当乔治·卡西上将升为陆军参谋长时，陆军和空军领导很快就着手讨论对策，以达成共识解决上述问题以及五角大楼里不断升温的“无人机战争”。

2008年6月底，空军代表、空军作战司令部司令员科利上将，陆军训练与条令司令部（TRADOC）的总指挥威廉·华莱士将军，以及陆军能力和集成中心主任迈克尔·范内中将在兰利空军基地的一个桌子前坐在一起进行了商谈。目标是试图形成新的无人机系统作战概念（CONOPS），基本主题是解决利益共享问题。

为达到两个军兵种战场作战级别使用、易理解的CONOPS，在会上他们共同讨论了关心的问题，包括空域控制、可用无人机资产的分配、指挥和控制、非常规战中地面部队直接支援，以及空中支援和被支援方的关系。

考虑到“天空勇士”和“收割者”是如何通过能力提升改变战场的布局时，华莱士说，“今天的作战环境和我们期望明天所能达到的，在过去几年间发生了翻天覆地的变化。无人机上采取联合手段能够快速增加军队能力。通过判断识别、链接和同步化我们的行动，能够为作战人员提供最好的能力，让他们能对付难缠的、诡计的、多变的敌人。”

“和寻求独立解决方案相反，我们试图寻找联合协同方案，在各种类型战役中为作战人员提供最好支持。”科利司令强调，“如果我们无法共享数据，就不能共享信息。如果我们无法共享信息，就无法指挥和控制。”

左图：2011年5月20日，在加州的亨特·利格特堡为支持“全球医疗兵2011”和“勇士91-11-01”行动，英西图公司的无人机系统技术人员丹·索尔做“扫描鹰”无人机的飞行前准备。“全球医疗兵”是覆盖作战卫勤保障所有方面的战区空中医疗疏散系统和地面医疗单元的联合野外演练。（美国空军，唐纳德·R.艾伦上士摄）

华莱士说，“我们寻求增加互操作的领域和机会为联合作战人员提供更好的支持，根本目标是协同工作以快速有效地提高我们部队的能力。”

联合工作是解决问题的底线，但最终目标是共同执行任务。从这一观点出发，空中操纵中心（ACC）的“捕食者”和“收割者”作战部门主管麦特·马丁少校说，“我们需要具有支持全部级别联合作战的能力，从以空战为主的一直到反叛乱作战。”

上图：在加州的亨特·利格特堡，英西图公司无人机系统技术人员索尔·丹（左）和皮尔斯·勒特将“扫描鹰”无人机放在发射装置上。（国防部，美国空军上士唐纳德·R.艾伦摄）

接下来9月的会议中，达到了克里斯·奥斯本和迈克尔在《国防新闻》中所描述的“突破”，即正式形成了CONOPS草案。“在无人机系统CONOPS上我们有了联合共识，正在沿着正确的方向前进。”陆军作战部副部长詹姆斯·瑟曼中将说。

CONOPS所解决的问题是基于不断拥挤的伊拉克上空两个军兵种应该努力减少冲突，奥斯本和霍夫曼写道，“在伊拉克战争开始时，陆军仅有几架无人机，现在已经超过百架。双方应试图解决共同关心的问题，在有人机和高射炮炮弹共舞的天空中，为新成长的无人机提供一方空间。”

CONOPS方案中，空军同意给陆军地面作战单元提供更多的无人机直接使用支持，陆军同意更好地与其沟

右图：2011年5月20日，在加州亨特·利格特堡的斯库诺弗机场，发射“扫描鹰”无人机来支持“全球医疗兵2011”和“勇士91-11-01”行动。（美国空军，唐纳德·R.艾伦上士摄）

左图：2011年5月4日，在亚丁湾从“康斯托克”号（LSD45）两栖船坞登陆舰的飞行甲板上发射“扫描鹰”无人机。“扫描鹰”是不依赖于跑道的长航时无人机系统，用于获取多种监视、侦察数据，以及执行战场损伤评估任务。（美国海军，二级大众传播专业军士约瑟夫·M.布里亚维克）

通自己特定的需求。空军也承诺为前线的地面部队安排飞行员，让他们从联合空中作战中心走出去（CAOC）。

解决了“天空勇士”作战的现实问题，陆军也认为当更多的MQ-1C部署后，一般不会再请求空军出动“捕食者”。

格雷斯琴在2008年12月的《国家国防》报道，基于该计划各军兵种都能使用“捕食者”、“收割者”和“天空勇士”支持空中和地面的指挥官。

与此同时，马特·马丁少校说，就现在情况，CONOPS的目标是使得空军的“捕食者”和陆军的“天空勇士”在系列任务中能够互换使用。基于新的流程，各军兵种会准备好联通性、通信方式、战术和任务流程，随时将其中的一个任务目标转交给另外一个无人机。“天空勇士”可以跟踪一个目标，“捕食者”能跟踪另一个和所有指挥官需求的目标。

马丁还说，陆军试图做到将小型RQ-7或RQ-11无人机获取的目标信息传输给“天空勇士”。空军曾经对这种采取数据“接力”达到连通的方式感兴趣，因为可以将信息中继到有人攻击机和空军的无人机。

华莱士将军对此表示赞同，“无论是谁在飞行，大家都应能存取所获得的数据。”

另外一个在伊拉克天空飞起的无人机是“扫描鹰”，是2004年由美海军陆战队首次测试的小型战术侦察无人机。翼展刚到10英尺，和RQ-7“影

右图：2011年5月19日，亨特·利格特堡加州二十九棕榈村的无人机系统首席飞行员亚当·斯托克操纵“扫描鹰”无人机飞行，来支持“全球医疗兵2011”和“勇士91-11-01”行动。（美国空军，唐纳德·R.艾伦上士摄）

子”一样的作战半径，但是它的续航时间超过24小时，远远超出了相同尺寸的其他无人机。

“扫描鹰”来自华盛顿宾根的英西图公司，该公司开发军民两用的小型机器飞机，包括首次飞越大西洋的无人机。英西图公司也开发了“海上扫描”无人机，商业渔业公司用来观测渔业，“海上扫描”是从澳大利亚航空探测器有限公司的一款无人机演化而出的。

“扫描鹰”项目在2002年2月启动，由英西图公司和航空界巨人波音公司联手打造。英西图公司负责飞机平台机身，波音公司提供通信和任务载荷组件，以及负责系统集成工作。2008年，波音收购了英西图公司的产权，将其合并到它的集成国防系统商业单元中。

作为飞机制造分支，英西图迅速升为波音的顶级子公司。实际上，正如比尔·斯威特曼在2009年8月的《航空周刊》报道，“根据官方数据来源，波音的英西图分公司在飞机交付数上超出其他商业飞机公司。在年初时月交付数为35架，现在为满足国内外需求增加为每月54架。在几个月前英西图交付了第一千架飞机时，就表明该项目明显具有很快的增长率。”

“扫描鹰”长时间自主飞行能力使其成为具有吸引力的战术无人机。2002年6月在位于俄勒冈东边的博德曼、波音旗下的远程测试中心进行了首飞，在45分钟的飞行中按预定规划程序使用GPS自主飞行到最大高度1500英尺。8个月后的2003年2月，小“扫描鹰”被运到巴哈马群岛参加美国海军的“巨影”演习，演习场景堪比好莱坞大片，场景设计为检验特殊作战

左图：2011年2月24日晚上，在太平洋的“康斯托克法”号（LSD-45）两栖船坞登陆舰上，一架“扫描鹰”无人机完成首次飞行后，两个人将其从“天钩”回收系统上卸下。（美国海军，大众专业二级军士约瑟夫·M.布里亚维克摄）

部队的系统集成能力，包括隐身攻击水下潜艇、“扫描鹰”和无人水下船只等，演习中“扫描鹰”充分展现了实时数据和视频中继传输能力。

“扫描鹰”在2004年伊拉克的费卢杰经历了战火的洗礼。吉姆·加拉蒙引用2005年1月的《美军新闻社》中的一级陆战队远程部队发言人的话，“由波音和华盛顿宾根的英西图公司新开发的‘扫描鹰’系统经历战火考验，在海军陆战队经历的从1968年越南的顺化市开始所有重要的城市战役中，表现得最完美无缺。”

从那以后，“扫描鹰”参加了大量的作战任务，使用的作战部队包括海军陆战队第二中队（VMU-2），隶属于第二陆战队空中联队。在2007年11月的《海军陆战队新闻》中，负责“扫描鹰”的官员和VMU-2第B分部的任务指挥官提文斯·库利上尉，讲述了“扫描鹰”在伊拉克的任务。

“基本使命是提供情报、监视和侦察支持，通过‘扫描鹰’支持如海军陆战队第4团第1营和或第1轻型装甲侦察营。”他说，“根据各单元对我们的要求可完成许多不同的工作。从地区扫描、目标扫描、目标捕获和战场打击效果评估各方面都可以。我们能胜任许多工作，在提供监视任务时帮助指示空中打击和地面高射炮打击等各种任务。可全天时工作，我们可到达敌方区域或者不想地面部队马上到达时，可让‘扫描鹰’在一定高度飞行，敌人看不见也听不着。”

如斯库利所说的，由英西图的工作人员实际操作“扫描鹰”。“厂家人员操纵无人机和相机，陆战队的情报人员坐在旁边把所有情报分发出去。他们告诉操作人员去哪里工作和需要关注的目标。双方紧密合作以更好地完成任务，那个地面单元和我们协作使得我们相当成功。海军陆战队相当灵活，每次我们需要支持一个新任务或行动时，他们都很方便地提供了支持。”

美国海军也采购了“扫描鹰”用于舰船作战。首批“扫描鹰”部署在LHA和LHD（两栖攻击舰）、LPD（两栖运输舰）、LSD（两栖登陆舰）上。在2007年年底，首次“扫描鹰”配备在了驱逐舰奥斯卡·奥斯汀号（DDG−79）上，在去中央司令部的路途上还在进行飞行试验。

也是在2007年，为保护战区基地，美国空军签订合同将“扫描鹰”和名为“枪击监控”的枪声定位系统（GDS）集成起来，目的是开发基于“扫描鹰”光电相机辅助定位的敌人狙击手检测系统。

与此同时，波音澳大利亚公司签订合同为澳大利亚驻伊拉克和阿富汗的陆军提供“扫描鹰”无人机和服务。加拿大军队也采购了“扫描鹰”，2008年3月成立小型无人机（SUAV）特遣部队“阿富汗3−08来”部署使用，主要任务进行持久无人机侦察以应对当前的易爆炸设备（IED）威胁。

2009年4月，真正把“扫描鹰”推向前线的任务来临了。“马士基·阿

右图：2010年7月24日，在科罗拉多州的美国空军学院，美国空军一级学员斯蒂芬·派克（左）向迈克·古尔德中将（蓝色衬衫）和无人机“扫描鹰”项目的学员介绍基本情况。他选取“扫描鹰”让学员熟悉无人机的操作，并讲授为支持全球作战如何将无人机系统集成到空军行动中的第一手知识。古尔德是美国空军学院的院长。（美国空军，麦克·卡普兰摄）

上图：2011年2月24日，一架“扫描鹰”无人机从太平洋航行的船坞登陆舰“康斯托克法”号（LSD-45）飞行甲板上发射。“扫描鹰”为“康斯托克法”号提供多种监视、侦察数据以及执行战场损伤评估任务，同时在美国第七舰队的责任区内遂行海上安全行动支持和近距离空中支援任务。（美国海军，二级公众通讯专业军士约瑟夫·M.布里亚维克）

拉巴马”号货船被海盗截获，这是美国旗帜的船只首次在索马里被劫。船长理查德·菲利普斯船长被抓为人质，当美班布里奇号驱逐舰（DDG-96）到达时，“扫描鹰”在舰船上方飞行作为美国海军在空中的眼睛，持续监视海盗扣押人质的船只。4月12日使用“扫描鹰”数据，海豹突击队控制驱逐舰营救菲利普斯过程中，抓获了1个并杀死另外3个海盗。

“令人难以置信，感觉就像是在电影中。”军事专家与战术信息协调员卡丽莎·里德曼告诉《海军时报》，“从未觉得那会在真实生活中发生。”

“我们看出‘扫描鹰’的能力满足海军需要。”弗兰克·卡斯特利亚诺司令员补充到。在英西图公开的媒体资料中记载，“在全球国防领域，在其部署的前5年从伊拉克的费卢杰到索马里，超过一千架‘扫描鹰’共飞行了20万小时以上，其中15万小时在伊拉克和阿富汗。”

“扫描鹰”携带进攻武器能力尚未进行飞行验证，记得20世纪90年代“捕食者”首次部署时只作为侦察平台使用，机翼下的挂架设计成只适用侦察任务载荷。

英西图悄然成功并跃为波音公司内的最大飞机制造部门，标志着无人机在世界军事飞机领域中的重要性日益凸显。

# 6 在阿富汗和巴基斯坦空中作战的无人机

追溯到亚历山大大帝在政时，中亚的山脉就是西方人偷袭的必经之地。山石崎岖的环境恰恰是“捕食者”和“收割者”无人机大显身手之地。这些无人机在高空缓慢、静悄悄地飞行获得有用信息，从而大大提高了美军的机动进攻能力，这种场景在2001年前几乎是无法想象的。

当21世纪在阿富汗和巴基斯坦崇山峻岭边界上的战争终于上演时，美军的作战方式发生了彻底性的改变，在变革之中MQ-1“捕食者”和MQ-9“收割者”扮演着重要角色。故事的开端要回到“持久自由行动”开始时，2001—2002年美军在阿富汗那个举步维艰的冬天。

下图：空中作战行动的往昔和未来。MQ-1B“捕食者”与F-16“战隼”战斗机共用停机坪。（美国空军）

上图：2008年6月12日，第361远征侦察中队的MQ-1B“捕食者”在拉什卡尔加的一次交火中使用“地狱火”导弹除掉了塔利班，他们使用RPG和机枪袭击联合车队。（美国空军）

恰如我们常说到的“失败乃成功之母”，美军在那个冬天对本·拉登的打击未取得决定性的胜利，不言而喻这肯定是军队上下热切讨论的话题。不管是如何或为何失败，可摆在眼前重要的问题是“基地”组织逃之夭夭了。令美国领导们更为焦虑不安的是“基地”组织的高级头领，尤其是本·拉登就在已逃跑的行列中。

“基地”组织成员所逃往之处令美军作战规划人员尤为头疼，无论是从外交还是军事方面，巴基斯坦都成为美国进入21世纪后的第一个棘手目标。外交上两国间的脆弱“纽带”虽然不断斡旋，但仍处于若即若离状态。同样在全球反恐战争方面，虽然穆沙拉夫总统口头支持美国政府，在实际行动上却我行我素。

穆沙拉夫总统和他的政府担忧如果在2001—2002年期间美国从该国边境进入邻国，会引起国内支持“基地”组织和塔利班人员的叛乱。因此，美国停止了从该国边界处进入他国的军事行动。

当地环境和外交关系一样，从天气到地形条件相当危险。从军事角度看，2002年美国面临的挑战核心为地形，从巴基斯坦到“基地”组织逃走方向所经之路大多数是山石嶙峋。西方部队在这些山区面临巨大的后勤保障方面困难，无论是对于19世纪的英国还是21世纪初的美国。

在巴基斯坦的西北前线省（NWFP）与联邦直辖部落地区（FATA，包括南、北瓦基里斯坦）之间的包括陡峭多山区域，面积和弗吉尼亚州相当，尤其在兴都库什山脉上几乎没有道路。

而且那时，住在这里的人们支持“基地”组织和塔利班成员从阿富汗来到这里。实际上两边人们种族相近，塔利班在互不承认的边界双方都有相当的影响力。

FATA为无法律管制的地区，对外声称在巴基斯坦中央政府司法权控制下，但实际上从未有外部实体来管理。和NWFP一样，这里无法律约束却由部落首领和当地伊斯兰教领袖统治。

实际上，本·拉登、扎瓦希里和他们的追随者找到了自己的终极庇护地，巴基斯坦政府惧怕部落首领，穆沙拉夫担心如果美国进入巴基斯坦后

下图：2009年3月19日，在阿富汗查布尔省贝拉夫前线作战基地附近的一次徒步巡逻任务中，第4步兵团一营B连的美国陆军上士丹尼托·巴克斯带领他的小分队登上了巴基斯坦边境的山脊。（美国陆军，亚当·曼奇尼上士摄）

会导致自己政府倒台，因此美国未敢轻易行动。在他们庇护下，“基地”组织和塔利班在阿富汗无法无天地攻击联军部队。

虽然巴基斯坦不同意美国在本土遂行军事行动，他们却允许使用巴基斯坦基地作为后勤保障。在2001年10月“持久自由行动”开始前后，在达尔贝丁、雅各布阿巴德、伯斯尼和沙姆西的航空军事基地都允许美国使用。沙姆西位于遥远的多山地区，在奎塔市西南190英里、离阿富汗100英里，有着有趣的历史，曾经是阿拉伯酋长猎鹰旅行地。

雅各布阿巴德是美国主要航空基地。直至阿富汗接近喀布尔的巴格兰姆基地条件改善后，它也是美国重要的后勤基地。其他的没什么名气，即使在2002年1月美海军陆战队的KC-130在沙姆西坠毁，7名陆战队员丧生都未有更多报道。

在讨论美国在巴基斯坦使用的秘密作战基地时，值得回顾的是在20世纪五六十年代使用的白夏瓦，U-2间谍侦察机在此起飞到苏联上空秘密飞行。1960年5月当弗朗西斯·加里·鲍尔斯在执行该任务时飞机被击落，就

下图：美国空军维护兵们为隶属于第432空中远征联队的MQ-1“捕食者”无人机做起飞前准备。（美国空军，三级军士长斯科特·里德摄）

是在那天早晨从该地起飞的。

在全球反恐战争的早期禁止美国部队从阿富汗和巴基斯坦边界通过，同样在那几年内也禁止武装无人机在此执行任务。但到2004年，开始有报道称在巴基斯坦的西北边境省和联邦直辖部落地区的“基地”组织、塔利班领导和士兵被导弹击中，也只可能是由静音飞行的飞机所投放的。

它只能是“捕食者”无人机，一个为不同新闻组织提供评论的国防分析人员推测到。很快，从巴基斯坦官员到当地部落人员都在谈论着“捕食者”无人机。

据说对“捕食者”投放“地狱火”导弹不满的第一个部落首领是内克·穆罕默德，他在联邦直辖部落地区长大，内克·穆罕默德在十几岁时干着从其他部落偷车和其他违法勾当。在新世纪交替前后决定做出更出格的事来，来到阿富汗后加入塔利班。巴基斯坦销量最大的英文报纸《黎明》引用了瓦济里斯坦部落成员的话，“他的行动将自己推上了塔利班军事政权的中层位置，一度领导过三千人。”他也制作了一些视频录像劝勉

下图：2009年12月27日，一架美国空军的MQ-9“收割者”无人机在阿富汗坎大哈机场缓慢滑行。（美国空军，技术中士埃弗伦·洛佩兹摄）

上图：2010年2月12日，在阿联酋阿哈弗拉空军基地执行作战任务之前，美国空军第380远征飞机维修中队的士兵对RQ-4“全球鹰”无人机进行飞前检测。其中，该联队的无人机来源于加州的比尔空军基地。（国防部，美国空军三级军士长斯科特·T.斯特科尔）

激进分子进行圣战。

2004年6月18日晚上10点左右，在南瓦济里斯坦部落地区的行政中心瓦纳附近的沙纳瓦兹科特村庄，当进入MQ-1眼帘的十字框时，内克和一些随从人员无所事事闲待着，包括法哈尔·扎曼和阿兹马特·汗。他们三个人还有另外两个人全部当场身亡，尽管报道称内克还残存了一个小时左右。

伊斯梅尔·汗和迪拉瓦尔汗·维齐尔《黎明》报报道，“目击者说在导弹攻击前看见间谍无人机在头顶飞过。也有称导弹攻击时内克正在用卫星电话通话，因此推想他可能被制导导弹击中。导弹正好命中内克他们所在院落的中央，增加了上述推断的可信性。当地人说导弹打中后产生了6英尺的弹坑。”

为掩盖美国的行动，巴基斯坦国际公共关系服务机构的肖卡特·苏丹少校坚持说是巴基斯坦发射的导弹，但是拒绝解释激进分子是如何被杀死的。

和也门之前发生的一样，打击圣战首领时必定会展现“捕食者”无人机的能力。约一年后的2005年5月，ABC新闻报道塔利班重要人物海塞姆·也梅尼在阿富汗和巴基斯坦边界处被击毙，由“捕食者”所投放的地

上图：2008年6月16日，在加州比尔空军基地，把燃油注入RQ-1“全球鹰”无人机所有油箱后，美国空军下士雅各布·T.哈什在精细地调整飞机平衡。为保证测量飞机重心的精准性，这项工作在重量和平衡检查之前来做。（美国空军，兰斯·张摄）

狱火导弹击毙。ABC最早报道的地点是在巴基斯坦与阿富汗边界之处，但是巴基斯坦信息部部长谢赫·拉希德·阿赫迈德告诉CNN事件不可能在巴基斯坦发生。ABC报道称也梅尼是接替阿布·法拉杰·利比成为“基地”组织全球作战首领，是基地恐怖网络的第三号头目，一周前在巴基斯坦内被巴基斯坦特工抓获。

阿布·哈姆·扎拉比娅成为接下来本拉登组织的三号头目后，遭遇和之前类似，在2005年11月30日身亡。《黎明》报道，他和另外四个人在北瓦济里斯坦特区的首府米拉木·萨赫附近的阿索莱村庄的泥土墙的四合院内，在早晨1:45左右被击毙。

几天后，《福克斯》新闻频道报道，“当地居民发现在爆炸现场至少有2枚弹头，其中刻有地狱火导弹的标识，是由美国空军‘捕食者’无人机携带的。金属碎片上有‘AGM-114’标志。”

《美国国家广播公司新闻》引用未透露姓名的官员的话，扎拉比娅被CIA控制的“捕食者”投放的导弹杀死，但是CIA不会对此解释。新闻还提到巴基斯坦的目击者说飞射而来的导弹击中泥土房屋，他们还说听到了6声爆炸音，但是不能确定多少是因导弹攻击引起的，多少是因房屋内爆炸物引发的。

福克斯新闻频道报道中引用了住在房屋附近一个人的话，“他听见至少有两次爆炸，在导弹击中房屋前看见闪出一道白光过后，发生了巨大的爆炸。”

两次爆炸可能意味着是一架“捕食者”因为MQ-1携带2枚“地狱火”，而多次爆炸可能是两架MQ-1在执行任务。

无人机在巴基斯坦空中作战一事，因为CIA和中央司令部都未加以宣布、讨论或者否认，所以就没有关于这些任务的官方说法。公众对这些作

上图与下图：2009年9月10日，在阿富汗坎大哈机场，空军摩根·柯里中校陪同国防部副部长威廉·J.参观“捕食者”和“收割者”飞机。这是林恩就任国防部副部长以来首次来到西南亚地区视察。（美国空军，三级军士长杰里·莫里森摄）

战的信息都来源于独立媒体的报道，通常都来自巴基斯坦军方或情报人员对目击者的盘问。之后，他们又接受了巴基斯坦媒体的记者或者国际媒体的特约记者的采访，尤其是路透社和BBC。

下一个对“捕食者”进攻作战广泛报道的是在2006年1月13日，目标是“基地”组织二号头目艾曼·阿尔·扎瓦赫里，但是这次没有得手。有报道称攻击信息来源于抓获的阿布·法拉杰·利比向CIA提供的，利比早期在巴基斯坦达马多拉的某个院子内见过扎瓦赫里。

据伦敦《每日通讯》，伊姆提阿兹·阿里从达马多拉报道，“这次袭击是从阿富汗起飞侵入巴基斯坦领空30多英里处的4架无人机进行的袭击。但是，一个美国政府高级官员称在巴基斯坦领土上空对如此重要目标遂行攻击前会告知该国的。”他还说，“巴基斯坦官员说该院落被无人机10枚导弹击中。”

如果袭击如报道所称涉及4架“捕食者”，那就是在西南亚战场上协同

下图：2010年7月28日，在关岛的安德森空军基地，美国国防副部长威廉·J.林恩（右）参观RQ-4“全球鹰”无人机的新机库。（美国空军，三级军士长杰里·莫里森摄）

上图：2010年10月29日，在亚太地区访问期间美国国务卿希拉里·克林顿（左）在关岛参观安德森空军基地时，讨论了关岛对于美国的重要性并参观了静态展示的RQ-4“全球鹰”无人机。（美国空军，下士尼歇尔·安德森摄）

作战下的最大无人机舰队之一。

对于巴基斯坦当局列举了在达马多拉袭击中死亡的重要头目清单，ABC新闻将该场所的聚会称为“明显的恐怖主义峰会”。其中包括基地组织在巴基斯坦和阿富汗的作战负责人哈立德·哈比卜，基地组织高级作战指挥官艾曼·扎瓦赫里的女婿阿卜杜勒。ABC报道“基地”组织重磅炸弹制造者和武器专家穆尔西·艾尔·赛义得·乌马尔，也称作阿布·卡巴布，也被击毙了，但事实并非如此。扎瓦赫里显然并未参加“峰会”。

《每日通讯》指出，达马多拉是希克马蒂亚尔的大本营，他是圣战组织（穆斯林游击战组织）的一个头领，在邻国阿富汗进行游击战对抗美国。

上图：纽约州空军国民警卫队第174战斗机联队副指挥官、美国空军查尔斯·S.多尔西上校（左）与国家警卫局局长克雷格·麦金利将军一起视察MQ-9“收割者”。（美国空军，技术中士杰里米·考尔）

在攻击战中死亡了18人，巴基斯坦迅速给出了似是而非的否定说法。《每日通讯》报道，“巴基斯坦准备对攻击事件发表正式外交抗议。但是，美国政府高级官员说在巴基斯坦领土上空对如此重要目标遂行攻击前会告知该国的。”

达马多拉事件后，一年多时间里很少有无人机在巴基斯坦空袭的消息报道。但是在2007年4月26日，报道称4个人在类似的攻击中身亡，地点在离阿富汗2英里处、北瓦济里斯坦附近的城镇。

Bashirullah在美联社报道了在首都伊斯兰堡高级军官的讲话，“事发时伤亡的人正在制作炸弹，意外发生了爆炸。但是当地两个情报官员说是导弹攻击引起的爆炸，而且一个政府官员说导弹轨迹明显来自阿富汗。因为话题的敏感性，情报和政府官员要求匿名报道。”

房屋被破坏的主人哈比卜·厄拉告诉Bashirullah，5枚导弹击中了建筑物和附近两所空的伊斯兰学校，学校属于之前为塔利班牧师的毛拉努尔·穆罕默德。

“居民们手拿金属碎片，说是导弹爆炸后留下的。”Bashirullah写道，“指出破坏的屋顶是学校之一，金属碎片没有可识别的标志。”

除了弹坑给人们提供故事素材外，无其他证据爆炸事件是“地狱火”导弹所为。

11月2日《纽约时报》报道，由贾拉勒丁·哈卡尼创建的一个“学校”被无人机携带的导弹击中，哈卡尼和拉登关系密切。

文章引用未透露姓名的巴基斯坦安全官员的话，攻击发生在北瓦济里斯坦特区行政中心米兰·沙阿外边的一个村庄，击中的建筑物属于瓦济里斯坦的一个好战分子，是伊斯兰教战斗人员在阿富汗和巴基斯坦之间的安

下图：第42攻击中队“收割者”缓慢滑行去执行一项训练任务。（美国空军，史蒂夫·哈克韦尔摄）

上图：在坎大哈空军基地的这架MQ-1“捕食者”被授权使用致命武器，从停机坪滑出将飞向阿富汗或更加遥远的地方执行任务。（美国空军，大卫·库尔勒少校摄）

全住所。

如果说巴基斯坦空中使用的所有“捕食者”都来自阿富汗的基地，有一件事就无法解释清除。就在无人机袭击达马多拉之际，从谷歌地图巴基斯坦的卫星图片拍摄有沙姆西空军基地，其跑道上停放着3架“捕食者”！

当“捕食者”无人机占据了西南亚天空和全球新闻的头条时，通用原子公司的MQ-9“收割者”正式成为美国空军2007年表现活跃的空中武器。

“捕食者”是进入侦察中队服役的，而“收割者”是被分配到攻击中队开始任务的。正如空军参谋长莫斯利所说，“我们已将这些主要执行情报、监视和侦察任务的无人机平台，转变为执行真正的猎杀任务。”

2007年10月在中东地区指挥CENTCOM美国和联军空中部队的空军中将盖瑞·诺思说，能力的剧增使得我们在未来很长一段时间内可以在阿富汗和伊拉克上空使用无人机。

他告诉美国中央司令部的美陆军地面部队的关键人物，“收割者”的变革之处是通过技术帮助战场指挥官将空中优势和地面机动性进行集成。

2007年5月，空军正式启动了第432联队，很快又改名为432空军远程联队，武器全部为无人机构成，可管理现有的“捕食者”和“收割者”中队，尤其是隶属于第57作战组并负责内利斯空军基地的培训和作战任务的中队。

这一部队总部位于内华达州拉斯维加斯附近的克里奇空军基地，属于内利斯基地的边缘区，其中的第11、15和17侦察中队，分别在1995年、1997年和2002年作为第57作战组的一部分在基地内成立。2005年8月第30侦察中队在托诺帕试验机场成立，位于内利斯试验场内和克里奇基地相反的方向。MQ-9部署在第42攻击中队，在2006年11月正式启动，42中队和二战时期的第42轰炸中队有着历史渊源，计划在2007年3月接受首架MQ-9。

“这是空军的历史性时刻。”第432新联队的指挥官克里斯佛·钱布里斯上校说，之前他是第366战斗联队的副指挥官。“为无人机系统建立一个联队是美国空军致力成为世界最伟大的航空航天力量所迈出的正确重要一步。”

钱布里斯认为第432联队的成立是个合理的选择，而他的上司、第十二空军的诺曼· 塞普中将却把它看作是一个里程碑事件。“虽然这是一个划时代的举动，权利的转换过渡会清楚透明的。”

在克里奇与第432联队平行设立的组织是第53测试评估组的第4分遣

下图：2010年11月27日，第380飞机维修中队的美军士兵准备RQ-4“全球鹰”无人机在阿联酋的阿哈弗拉空军基地的首次起飞。（美国空军，埃里克·哈里斯上士摄）

上图：在阿联酋的阿哈弗拉空军基地的跑道上，隶属于美国空军第99远征侦察中队的RQ-4“全球鹰”无人机正在进行飞行前检测。（美国空军，安迪·M.金上士摄）

队，作为无人机测试单元一直在飞行着“捕食者”。因为飞机数量和飞行需求的不断增加，以及兵器库中“收割者”的加入，该组织在2008年3月升级为第556测试和评估中队，正式成为空军首个无人机系统飞行测试中队。

同期并非只有美国空军采购了“收割者”，《简氏信息集团》的史蒂芬·特林布尔在2006年3月报道，美国海关和边防巡逻部队也有使用，使用的还有美国海军，虽然宣布了采购工作，但是通用原子公司拒绝详细描述MQ 9A将交付的部门和使用目的。

国外的有土耳其和意大利已提交订单。意大利的《国防新闻》2008年2月报道，已拥有“捕食者”的意大利空军在阿富汗的赫拉特（阿富汗西北部城市）飞行了“收割者”。意大利在2004年订购了“收割者”，并已在赫拉特的第28组部署了3架，该组作战部队在2005—2006年间在伊拉克的塔里尔空军基地飞行无人机。

“收割者”的另外一个重要使用方是英国皇家空军（RAF），和意大

左图：在阿联酋的阿哈弗拉空军基地，美空军威廉·伊佐上尉、隶属于第380远征行动小组的RQ-4“全球鹰”的飞行员，沿着跑道坐车跟着RQ-4充当“鹰眼”的角色指挥起飞。（美国空军，安迪·M.金上士摄）

利空军相同的是RAF也使用过“捕食者”。

2003年英国在“捕食者”、“收割者”无人机采办上有着一段有趣故事，发生在通用原子公司总裁兼CEO的汤姆卡·西迪和英国国防采办部长威廉·斯蒂芬·古尔登·巴赫之间。

伊拉克战场上“捕食者”开始崭露头角，并吸引了英国政府的注意

下图：来自第101空降师第2/187步兵团的美军士兵，在“捕食者”、“收割者”和“全球鹰”的航线下方，沿阿富汗境内靠近巴基斯坦边境的一座无名村庄巡逻。巴基斯坦境内类似的无名村庄里隐藏着基地组织和塔利班主要头目。就是在这些地方，装备“地狱火”导弹的“收割者”和“捕食者”偶尔会捕获并击毙恐怖分子头目。（美国陆军，罗纳德·米切尔中士摄）

力。这时卡西迪来到了英国，他知道“捕食者”之类无人机在英国有市场就告诉《简氏国防周刊》的尼克·科克，假如把各类无人机摆在面前，英国国防部应该会购买并使用通用原子航空系统公司的产品。

而与此同时，巴赫议员建议国防部“购买欧洲产品”，他告诉下议院国防委员会“守望者”无人机是比“捕食者”更为新一代的机型，“守望者”计划后来成为有力的竞争者。如前所述，“守望者”WK450是基于以色列阿尔贝特公司的“赫尔墨斯”450基础上用于目标获取的无人侦察机。

针对巴赫阁下“新一代”的讽刺，通用原子公司言简意赅回复到，“无论何种标准，都不可能达到。”

即使英国国防部将十亿多美元财政预算投入到“守望者”计划中，他们也购买了“捕食者”和“收割者”。事实上，英国皇家空军人员派遣到克里奇空军基地，因此美国空军和英国皇家空军形成了联合“捕食者”特遣部队。当美国陆军拒绝将自己的无人机交给空军统一指挥管理时，英国却同意这样做。2008年英国皇家空军启动了无人机专用作战部队，也就是早期的第39中队就位于克里奇空军基地。

2007年10月11日，美国空军宣布“收割者”在阿富汗的战役巡逻已于9月25日开始。《空军时报》在10月29日的一段中记载，10月27日在阿富汗

右图：2009年12月27日，美国空军MQ-9“收割者”无人机从阿富汗坎大哈机场起飞夜间执行任务。（美国空军，技术中士埃弗伦·洛佩兹摄）

的乌鲁兹甘省，“收割者”首次使用“地狱火”导弹袭击了Deh Rawood山区的叛乱分子。根据报告，打击任务成功完成。

不到两周后的11月7日美国中央司令部报道，一个“收割者”无人机向敌方部队投下了首枚精确制导炸弹。该架MQ-9正在阿富汗的桑金地区执行侦察敌人行动任务时，在克里奇空军基地的“收割者”控制人员得知友军正遭到敌人的火力攻击。“收割者”使用了两枚激光制导GBU-12炸弹，中央司令部对此轻描淡写为“敌人已除”。盖瑞·诺思将军已喜欢上他的新式飞行器。“MQ-9为我们武器库增添了神奇的一员。”他高兴不已，“它比‘捕食者’大，携带更多的任务载荷，能够飞得更远、更高和更快。在美国中央司令部空军已有武器的攻击能力中它可发挥独到的作用。”

袭击桑金后，英国皇家空军的第39中队的作战从坎大哈开始。11月8日，英国国防部正式宣布英国皇家空军的首架“收割者”无人机——英国最成熟的无人侦察机系统，已在阿富汗空中作战。

10月时编号为ZZ20的“收割者”刚到英国就进行了首飞。共为12架，

下图：在阿富汗沙拉那的前线作战基地的RQ-7“影子”无人机，装有摄像机可作为第25步兵师第4旅战斗队（空降）的“空中之眼”。（国防部）

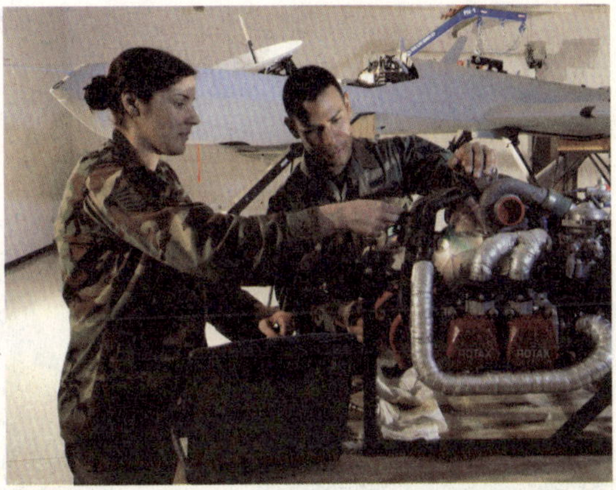

右图：技术中士丽贝卡·哈特菲尔德（左）和卡洛斯·巴雷拉上士、第163侦察联队的一名机务长一起回顾规程，以便在MQ-1“捕食者”的Rotax发动机上安装一台油泵。（美国空军，下士马特·史密斯摄）

首批交付了3架“收割者”到英国皇家空军。空军参谋长格伦·托比上将说，“收割者”会极大地增强英国在阿富汗的监视和侦察能力。

在国防部新闻发布会上补充道，“收割者”无人机目标未安装武器。能够进行武装，国防部正在调研武器装备方案。

2007年5月4日《简氏信息集团》报道了蒂姆·里普利对空军参谋长格伦·托比上将的采访。

“今年底到来的‘捕食者B’即‘收割者’，会给我们带来持久的打击能力，这种能力是我们打击敌对目标的关键。”托比告诉里普利，“肯定用到‘地狱火’，我们会采用美国最初采用的武器，因为这是达到性能要求的最快捷方式，我们不需要再去验证‘收割者’的能力。”

2008年3月，英国皇家空军的高层人物告诉英国《卫报》的理查德·诺顿·泰勒，“我们只需闭着眼睛，有人知道扔武器。”

一个月后，《简氏信息集团》的罗伯特·休森从英国国防部战略无人机试验集成项目组的负责人乔纳森·巴瑞特那里得到确认，英国皇家空军的“收割者”会在几周内装载AGM-114P“地狱火”导弹和GBU-12“宝石路”炸弹，这些是在单独的美国对外军售合同下购买的。

据休森说，巴瑞特清楚其中会涉及民族问题，美国武器装备在英国平

左图：三级军士长弗雷德·罗伯茨是加州空军国民警卫队第163维修小组第26野外巡逻特遣队的教员，正使用接口维护工作站检查MQ-1“捕食者”。（美国空军，瓦尔·吉姆皮斯摄）

台上在他国战场作战，而且由来自美国部队的英国机组人员飞行操作。美国当局想确认这样做没有法律障碍，实际上是没有。

德国亦对“收割者”抱有兴趣。据2007年6月19日《航空周刊》罗伯特·沃尔报道，通用原子公司和迪尔英国国防公司联合开发了德国市场上的无人机。但是，和英国一样他们关注无人机的侦察能力而不是去投掷“地狱火”。

从二战结束的十年后，德国军队进行了重组。想将联邦德国国防军的国防资产部署到国境外，在政治上仍存在较大的阻力。虽然德国是国际安全协作部队（ISAF）在阿富汗排在第三资助国的位置，领导着北方地区司令部，但是国防部规定禁止军队在阿富汗的东南部地区和塔利班作战。

罗伯特·沃尔写到，“尽管没有计划，德国的‘收割者’还是装备了武器。这引起一些德国人的担心。”

在阿富汗进行了一年的出色表现后，2008年7月18日美国空军的 MQ-9“收割者”从伊拉克的巴拉达空军基地起飞执行作战任务，由第332空军远程联队的第46远程侦察和攻击中队控制，之前该联队一直在使用武装“捕食者”无人机。

第332联队机上预警公共事务组的唐布拉努姆上士在一则声明中报道，

"在8月16日首次配备了这些武器的'收割者'参战中，向反伊拉克政府组织投下了一枚500磅重的炸弹。在伊拉克南方的南方守望行动中，第46中队的"收割者"发现了可疑车辆。无人机操作员立即将该信息转发给地面作战人员。当确认可疑车辆中携带易爆炸设备后，联合终端攻击控制人员指示'收割者'向该车辆投放GBU-12激光制导武器。"

在7月29日《纽约时报》的采访中，诺思将军告诉汤姆·夏克尔，"我一直在寻找机会在我们的有人飞机装备中补充更多的无人攻击机平台，那样可以较低的成本获取持久的空中作战能力，减少地面的人力部署。"

夏克尔在报道中说，"一定程度上空军把自己给害苦了，他们勾起了人们对于侦察视频近乎贪得无厌的欲望，尤其是'捕食者'和现在的'收割者'无人机所提供的。"

在过去的几周内，在伊拉克的地面高级指挥官需要的视频平均每天在400小时以上，空军、陆军和海军同侦察满足了95%以上的需求。几乎75%的侦察视频供通用北方联合空军太空行动中心总部使用。

在几周后的2008年8月11日，纽约国家空军警卫队的第174战斗机联队也开始使用MQ-9"收割者"，联队中的第138战斗机中队从1988年开始使用F-16，成为首个从有人转变为无人的攻击机作战部队，而且是空军的首

右图：2007年10月8日，加里·诺思中将、第九空军和美国空军中央司令部（CENTAF）的指挥官，到阿富汗巴格拉姆空军基地访问期间对士兵们讲话。诺思将军还参观了坎大哈的第455空中远征联队，看到了最近刚到的MQ-9"收割者"。（美国空军，约书亚·贾斯珀上士摄）

左图：2009年3月，MQ-1“捕食者”无人机准备起飞前往阿富汗或更远的地方执行一项应对“关键目标”的武装侦察任务。当时进入巴基斯坦境内执行攻击任务的“捕食者”，差不多全部来源于中情局。（美国空军，下士朱丽安·肖瓦尔特摄）

个全部“收割者”无人机联队。

在讨论世界各国在使用“捕食者”和“收割者”时，值得一提的是各国家在阿富汗使用的其他无人机，尤其是加拿大空军在坎大哈省的作战飞行。从2003年开始，加拿大部署了法国制造的CU-161“斯佩威尔”，主要为侦察任务。在2009年，“斯佩威尔”被CU-170“苍鹭”替代。

由以色列航空工业公司生产，作为“先锋”和“猎人”无人机的前驱，“苍鹭”于2005年在以色列服役使用。后来由美国南方司令部采购在萨尔瓦多部署，在中美洲进行了大量的未公开毒品作战中进行了侦察飞行。

比“先锋”或“猎人”都要大，“苍鹭”27英尺10英寸长，翼展54 英尺5英寸，比“捕食者”要大些，超过“收割者”尺寸的四分之三。全部重量2530磅，长续航时间，应该是和“捕食者”、“收割者”同期的无人机型号。虽然它的有效任务载荷能力可达550磅，但作为攻击性平台的能力有限。

拥有大的作战半径，能够携带多种传感器和信息系统，能作为“捕食者”侦察和目标获取能力的有效补充。2009年1月21日，阿富汗联合作战部队指挥官、加拿大的丹尼斯·托马森准将宣布，“苍鹭”无人机白昼或夜晚视频侦察已具备基本的作战能力。

相对“斯佩威尔”，加拿大空军对于“苍鹭”的标志性改进比较满意，四个月后便取消了“斯佩威尔”。相比于“斯佩威尔”，达雷尔·马洛中校认为，“‘苍鹭’飞行时间超出24小时，比‘斯佩威尔’超出两代。‘苍鹭’侦察产品有很大的需求，除了为陆军提供数据外，其他的NATO国家在收集侦察数据方面都会例行请求我们的帮助。”

到2008年，因为巴基斯坦政府的政治混乱增加了武装无人战斗机的作战使用。在2007年年底，巴基斯坦逐步走出了穆沙拉夫时代，虽然他到2008年8月18日才正式辞去总统职位，但是他已经屈从于巴基斯坦内外的政治压力下台支持新的选举。新选举计划在2008年1月8日进行，但是因为在2007年年底贝布托遇刺而推延到2月18日。优素福·拉扎·吉拉尼在2月当选为巴基斯坦的总理，扎尔达里在穆沙拉夫辞职后当选为总统。

美国的“全球反恐战争”已持续了约二次世界大战一半的时间后，布什政府也迫于压力向公众展现取得的实际结果。在部署了这些无人机后，

下图：第432飞机维修中队“收割者”武器装载员鲍比·多曼斯基上士将一枚GBU-12“宝石路II”激光制导炸弹安装在弹药架上。（美国空军，下士拉里·小里德摄）

在塔利班和“基地”恐怖组织内的重要头目的压力逐步在增加。

2008年9月3日，穆萨拉夫辞职不到2周、全球反恐战争进行7年，美国首次官方承认特种作战部队在巴基斯坦部落地区的无人机作战行动，BBC在9天后报道，布什总统最近承认未经伊斯兰堡允许就对巴基斯坦的作战分子进行了袭击。

当然，9月公开宣布过后紧接着的是对巴基斯坦地区毫不遮掩的打击。那时，巴基斯坦明显愿意接受无人机在该地作战。辟尔·祖拜尔·沙赫在《纽约时报》报道，美国官员说导弹打击由CIA实施，但大多都和巴基斯坦政府联合进行的。但是，在地面作战中没有联合行动。

不过有趣的是，沙赫补充到，“在部落地区很少有人反对空袭，明显因为伤亡的主要的‘基地’组织成员来自阿拉伯国家和乌兹别克斯坦，而不是巴基斯坦。”

下图：2011年5月9日，阿富汗赫尔曼德省的德怀尔营，一架美国MQ-1“捕食者”无人机飞过停机坪。在作战环境中使用无人机时，通过输入坐标和指令来勘察地面，在飞行中寻找任何形式的可疑行动并在派遣地面支援之前报告该信息。（美国海军陆战队，一等兵罗伯特·卡拉斯科摄）

上图：在阿富汗坎大哈空军基地，第62远征侦察中队的一架空军MQ-9“收割者”滑行准备起飞。（美国空军，詹姆斯·小哈珀上士摄）

在2008年无人机打击开始力度加大，这年里在巴基斯坦第一个领略到美国“地狱火 ”恐怖威力的是在1月被击毙的莱斯·利比，被一些情报人员估计是继扎拉·比娅后任基地组织的三号头目（早期击毙的三号头目是阿布·法拉杰·利比）。莱斯·利比是利比亚人，曾在阿富汗和前苏联作战。后来参与了1996年的霍巴塔轰炸，在沙特阿拉伯杀死许多美国空军人员，利比因此被捕。但是因为逃狱或者被沙特人放走回到了阿富汗后，出现在基地组织的宣传视频中。2007年，他在阿富汗巴格拉姆空军基地附近制造了自杀炸弹袭击造成24人伤亡，事发时迪克·切尼（美国布什政府时期的副总统）也在该地。

BBC报道导弹击毙利比是在1月28日到29日的晚上，在北瓦齐里斯坦的迈尔·阿里地区附近，同时死亡的有7个阿拉伯人、6个中亚人。意大利新闻社Adnkronos确认死亡中有三个人是阿布·奥贝达·塔瓦里·欧拜迪，阿布·阿德尔·科威特和阿卜杜勒·加法尔，全部来自基地组织。一位目击者告诉路透社，“ 导弹明显是由无人机投放。”

尽管美国一再拒绝证实或否认这些无人机袭击，其中多数在场的人已经认可这样的说法，无人机是有责任的。

在描述这些事件的相关事项中，西方和中东媒体在报道中使用了名词“drone”来指无人机，我们能以该名字为主线给出无人机重要的作战历史。

2月27日，阿拉伯半岛电视台的《电视新闻网络》报道称，在南瓦济里斯坦的一个建筑物被打击，其中房屋属于谢尔·穆罕默德，他是普什图族人，和在该地区作战的塔利班组织有着密切关系，导弹肯定是由美国无人机上发射的。

据《黎明》报道，2月27日和3月16日的袭击杀死许多基地组织训练分子。

半岛电视台补充道，美国和巴基斯坦都未官方承认是美国导弹袭击了巴基斯坦领土，这可看做是对巴基斯坦主权的侵犯。

不仅是巴基斯坦安全官员，还有当地部落人员都确认新闻报道的事件主角是无人机。有关3月18日南瓦济里斯坦的Shahnawaz Kheil Dhoog 地

下图：通用原子能公司的亚历山大·霍尔库姆和达里尔·弗朗斯，在MQ-9“收割者”抵达阿富汗的空军基地后，将AGM-114“地狱火”导弹从全副武装的飞机上卸载下来。（美国空军，布赖恩·弗格森上士摄）

区附近的袭击事件报道中，《每日通讯》引用了当地部落成员拉希姆汗的话，至少有两枚无人机发射的导弹击中并破坏了当地作战分子单名为努鲁拉的家，他是塔利班的支持者。

拉希姆汗也许看到了“无人机”，也可能用他的步枪向无人机进行了几次射击。5月15日《黎明》的一段描述中，记者阿偌拉汗（和上述部落成员拉希姆汗基本上没关系）引用当地居民和目击者的话描述了前一天的行动，在达马多拉的“地狱火”导弹袭击总共至少12人丧生，他们说晚上8:45，“捕食者”无人机在将两枚导弹投在了两层建筑物上，位于达马多拉的一个名为Khaza小村庄。

到2008年，“捕食者”无人机在已经流行词语位置占据了重要一席。

就是在达马多拉，2006年1月由四架“捕食者”对该地进行了大规模袭击，未能杀死艾曼扎瓦赫里，但是却抓住了马斯里。关于2008年5月的袭击行动《观察者》在6月1日报道，记者杰森·巴尔克确认死者之一是阿布苏莱曼，一个老道的阿尔及利亚作战分子、基地培训和爆炸专家，活跃在一

下图：2011年6月6日在西南亚，美国空军380远征飞机维修中队的维修人员在飞行后操作中，盖上RQ-4B“全球鹰”飞机发动机的排气口和进气口。（美国空军，三级军士长威廉·格里尔摄）

上图：在阿联酋的阿哈弗拉空军基地，美国空军的维修技术人员在执行任务之前，对第380远征行动小组的一架RQ-4“全球鹰”无人机进行飞行前检查。（美国空军，安迪·M.金上士摄）

系列欧洲的恐怖主义网站。

在承认进行了无人机袭击行动时，CIA主任米歇尔说，“击毙和捕获基地组织关键人物的能力不断提高，即使在最安全的藏身之地——阿富汗和巴基斯坦边界，也让他们坐立不安了。”

与此同时，“基地”组织炸弹和化学武器专家马斯里曾被误报道在2006年的达马多拉空袭中丧生，其实还多活了两年半。他在早期曾培训出臭名昭著的“鞋子炸弹客”事件的主谋理查德·雷德，马斯里在死里逃生的两年半中拼命为“基地”组织制造巨大破坏力的兵工武器。

在2008年7月28日的黎明曙光到来前，马斯里两年半的逃生生涯就此完结。BBC报道，导弹击中了清真寺附近恐怖作战分子常使用的房屋，位于南瓦济里斯坦瓦纳之西一个名为阿扎姆瓦萨克的村庄。猜测是美国空军的袭击行动，有居民说他们听见了美国无人机声音，但是尚未确认。据说美国已在这个部落地区进行了数次无人机导弹打击行动。

这一次，马斯里是永远离开了这座房屋。

就在美国9月份首次公开承认特种作战部队在巴基斯坦的行动之际，简珀·莱兹和辟尔·祖拜尔·沙赫在《国际先驱论坛报》中报道无人机所进行的系列攻击行动。他们在9月8日还报道了另几起作战行动，“周一时美国无人机投放的5枚导弹击中了北瓦齐里斯坦的一位巴基斯坦塔利班最高首领所属的一个大型建筑物。”

他们报道称，二名巴基斯坦情报官员和当地居民说大约在上午10:20导弹进行袭击，结果杀死23人。

导弹击中了米兰沙赫附近的Daande Darpkhel村庄的房屋，为贾拉勒丁·哈卡尼的儿子西拉杰丁·哈卡尼所有，因最近在阿富汗组织了针对美国和NATO部队颇为严重的恐怖袭击活动被美国通缉，还策划了杀害阿富汗总统卡尔扎伊事件但行动未果。但是，这次打击过程中哈卡尼父子都未在现场。

四天后，又一场打击降临在米兰沙赫。BBC报道导弹击中了Tol Khel地区郊区的2座建筑物，当地居民说无人机投放的导弹，巴基斯坦军方发言人穆拉德·汗少校说死者中还包括外国士兵。

随着无人机在巴基斯坦投放导弹频度的增加，更多恐怖分子受到打击后，也迫使“基地”组织和塔利班改变了自己的起居习惯。即使如此，不

右图：2011年6月，在西南亚完成一个架次后，美国空军下士Jennylyn Cabanilla（左）、第380远征飞机维修中队的一名飞机电工，在RQ-4B“全球鹰”飞机轮子上做标记。（美国空军，三级军士长威廉·格里尔摄）

断提供情报能力的美国作战人员开始验证这样的信条，“纵然能够逃跑，但无处遁形。”

埃及人哈立德·哈比卜为典型例子之一，他为巴基斯坦部落地区作战首领，被CIA定义为“基地”组织四号头目，号称“Zalfay”，普什图语中为长头发的意思。美军无人机在南瓦济里斯坦首府瓦纳不断加大的打击力度一度让他坐立不安，并搬到了Taparghai村庄。10月16日被导弹击中时他正坐在部落圣战分子使用的丰田旅行车中，不同媒体的报道中都称目击者看到了无人机所投放的导弹。

相对早年的尽力掩盖行为，2008年后半年在巴基斯坦使用MQ-1和MQ-9无人机已是司空见惯的事情。国际媒体关于无人机袭击事件的报道之前是每几个月出现一个头条新闻，但是9月后每周就会报道数次。报道中提到的打击目标是南瓦济里斯坦和北瓦济里斯坦的部落地区，瓦纳和米兰沙赫的附近是焦点集中区域。

在10月份的《伦敦时报》中克里斯·史密斯对9月份的事件描述为“前所未有的进攻”，估计从8月以来美国在巴基斯坦西北部发射了至少17枚导弹，如此力度的打击行动表现出了美国对巴基斯坦的不满，即未能有效阻止极端恐怖分子在阿富汗和巴基斯坦策划发起的针对西方的恐怖行动。据有关证据表明，“基地”组织成员可能藏身于法律空白的边界地区，而且其中就包括本·拉登。

面对所有的打击行动，媒体也偶尔会从头条新闻报道转变成了某重要头目的讣告。10月26日，塔利班最新的指挥官尼克·穆罕默德的亲信穆罕默德·奥玛，2004年被“捕食者”猎杀后（此奥玛不是彼毛拉·穆罕默德·奥马尔，更受关注的在1996—2001年期间为阿富汗真正的领导者的阿富汗塔利班幕后首领），BBC报道如下，“目击者称导弹彻底破坏了奥玛的房屋，邻近的两处房屋受到部分损坏，当地官员确认从建筑物废墟中共挖掘出20具尸体。”

几天后的10月31日，这次轮到阿布·阿卡什了。克里斯·史密斯在《纽约时报》中报道了来源于巴基斯坦情报部门的信息，阿卡什是在迈尔·阿里地区过着高调生活的“基地”组织的中层人员，在万圣节前夕的首次打击行动有两枚导弹击中迈尔·阿里地区的房屋，据说是在北瓦济里斯坦的城镇中伊斯兰激战分子的庇护场所。接着又是由无人机发射的两枚导弹击中了瓦纳附近激战分子的窝藏地，击毙了12名可疑叛乱分子，包括塔利班指挥官毛拉·纳齐尔。

巴基斯坦《黎明日报》中对该事件报道说，当地人说无人机在头顶盘旋了一整天，居民们曾用轻型和中型武器进行了射击。

一位村民说，当无人机在该地区上空飞行时听见的爆炸巨响声音有两次。

《黎明日报》报道称阿卡什是基地组织在该地区的财务负责人，并引用了巴基斯坦官员的话，“他从事跨国界行动，并用爆炸设备进行攻击。”

下图：停放在西南亚基地停机坪上的美国空军RQ-4B“全球鹰”飞机（左）和E-3“哨兵”空中预警指挥飞机。（美国空军，三级军士长威廉·格里尔摄）

11月22日天快要亮时，在北瓦济里斯坦小城市米拉木·萨赫附近的阿里基尔村庄，无人机导弹袭击了一个特别重要目标拉希德·拉乌夫，此人拥有英国和巴基斯坦双重国籍，住在哈利克努尔的院落内。杰森·伯克在《卫报》中描述，“巴基斯坦塔利班极端分子组织的首领，经常庇护国外的好战分子。”

在2006年8月跨大西洋飞往英国飞机上的恐怖行动中，情报组织公认由“基地”组织的拉乌夫策划，被巴基斯坦警方抓获后，拉乌夫在2007年12月从拉瓦尔品第法院的监禁所中逃出。在报道中伯克引用了巴基斯坦官员的话，“天快亮时导弹进行了打击，被认为杀死了许多外国人，包括名为阿布·祖拜尔·马斯里的埃及人，击中在米拉木·萨赫的一个小城镇附近名为阿里基尔村庄的房屋，房屋主人是巴基斯坦塔利班头领拉乌夫，经常收留外国好战人员。”

整个2008年间随着美国无人机在巴基斯坦打击频度的增加，巴基斯坦政府开始反复发表敷衍性的抗议声明。对于“捕食者”的打击行动，置强烈谴责于不顾，巴基斯坦政府很高兴有他人替自己解决塔利班组织。

阿亚兹·古尔在《美国之声》写着，“巴基斯坦坚持说自己的安全部队成功打击了叛乱分子，保卫了与阿富汗接壤地区的安全。但是，巴基斯坦领导者说无人机打击行动正在削弱该国的主权，降低了本国人民团结起来与叛乱分子作战的积极性。”

左图：2010年12月，在阿联酋的阿哈弗拉空军基地，美国380远征飞机维修中队的士兵们准备RQ-4A“全球鹰”无人机起飞。（美国空军，埃里克·哈里斯上士摄）

让巴基斯坦更为欣然接受的是，2009年元旦的无人机打击行动在南瓦济里斯坦击毙了乌萨姆·阿尔-齐尼和谢赫·艾哈迈德·萨利姆·苏韦丹，这两个肯尼亚人和2008年9月的卡车炸弹事件有关，在伊斯兰堡的万豪国际酒店里至少炸死了50人。阿尔-齐尼，又名法希德·穆罕默德·阿里·穆萨拉姆，被美国联邦高级法院指控为1998年袭击肯尼亚和坦桑尼亚大使馆的主要策略者，2001年在阿富汗的喀布尔省带领“基地”组织作战，将活动基地搬到巴基斯坦后进行了大量的自杀式恐怖活动。

种种迹象表明，巴基斯坦对无人机打击活动加快的步伐是默许的。在穆沙拉夫辞职后，人们怀疑美国和巴基斯坦两国间已进行了许多秘密交易。阿亚兹·古尔在2008年12月22日报道，巴基斯坦政府反对党一直谴责政府在美国无人机导弹打击上外交立场未坚决反对，这可能是两国秘密交易行为之一。但是，政府矢口否认了这种说法。

如果《美国之声》发表了这种质疑，那么其中必然有一定的原因。

这不可能是深藏不漏的秘密。2009年1月24日，杰弗里·史密斯、坎迪斯·朗道和乔比·沃里克在《华盛顿邮报》中报道，“在9月，美国和巴基斯坦的高级官员达成心照不宣的共识，美方继续展开无人机的打击行动而巴方不会介入。”

埃里克·施密特和马克·马西堤在《纽约时报》中报道，美国的确在一些问题上让步，同意在‘捕食者’打击时提前通知巴基斯坦官员。但很明显为了防止信息走漏给恐怖分子，实际上都省略了这个提前通知的环节。”

从布什当政期间就开始加大无人机打击力度，到奥巴马在2009年1月上任后没有终止。1月23日奥巴马搬到白宫3天后，就进行了2起互不关联的打击行动。据BBC报道，至少一枚导弹击中了“基地”组织和塔利班分子的据点，位于北瓦济里斯坦米尔阿里城镇附近的一个村庄。其中有4个阿拉伯作战分子丧生，他们的身份没有马上证实，但是官员说其中之一是“基地”组织成员。

左图：2010年11月，在阿联酋的阿哈弗拉空军基地，美国第99远征侦察中队一名二等兵在首次起飞前模拟EQ-4“全球鹰”飞机飞行。EQ-4搭载的战场机载通信节点如同一个持久的网关的功能，桥接不同的战术数据链路和语音通信以提高战场通信能力。（美国空军，埃里克·哈里斯上士摄）

史密斯、朗道和沃里克在《华盛顿邮报》中报道，这些行动有力表明了奥巴马总统承诺在巴基斯坦地区对恐怖组织维持军事压力的决心，即使巴基斯坦人普遍反对美国的单方行为，与布什政府相比，奥巴马新政府成员已流露出手段更强硬的观点。并且以削减对巴的军事援助这一美国与巴基斯坦过去三十年的合作关系为威胁，以此来支持打击行动。巴基斯坦政府前期的高声抗议就悄然消失了。

2008年8月—12月，在阿富汗与巴基斯坦边界区域打击次数是4年来作战总数的两倍。曾经有一段时间，美国对于巴基斯坦的领空主权十分小心谨慎地处理，但是奥巴马当权开始，就将这种谨慎态度抛却了。

在电影《卡萨布兰卡》（1942）中，克劳德·雷恩斯扮演的雷诺上尉有许多印象深刻的台词。例如他将要关闭一家酒馆，这家店属于亨弗莱·鲍嘉扮演的里克·布莱恩。

“我非常震惊这里有赌博！”雷恩斯生气地对博加特说。

“先生，你的战利品，”马塞尔·戴利奥扮演的管理员打断了他，并递给他一沓钞票。

“哦，非常感谢，”雷恩斯低声地回答道。

2009年2月15日，巴基斯坦外交部部长沙阿·马哈茂德·库雷希扮演了类似克劳德·雷恩斯的角色，他坚持说，“巴基斯坦没有同意这些无人机的打击行动，包括过去和现在都没有。”可公开的新闻信息是，美国不但在巴基斯坦上空进行无人机打击任务，而且还在巴基斯坦内的舍姆西航空基地起飞。

“这是不可思议的事情，侵犯了我们的主权，而且我们认为会伤害到双方。”“不，不……我们毫不含糊地告诉大家在巴基斯坦没有美国基地。”一位在伊斯兰堡的美国大使馆人员对伦敦的《时报》记者说，“没有美国空军、海军、海军陆战队、陆军，以及其他任何军兵种的基地。我要重点情调的是记录在册中都没有，我的回答很清楚。这就是你们需要的答案，没有基地和驻军，也没有在此作战。”

他和外交部部长一样感到“震惊”。

这个引用来自2009年2月17日的《时报》，由汤姆科格伦、扎希德（扎维德）·侯赛因和杰里米·佩奇报道。

此次扮演管理员的是加州参议院情报委员会主席黛安娜·范斯坦参议员，在2月12日的公共听证会上，她不小心透露了美国“捕食者”无人机是从巴基斯坦基地起飞作战的。

而事实上，谷歌地图系统中显示的2006年早期卫星图像上在舍姆西的跑道上有3架“捕食者”无人机。2009年2月舍姆西的卫星图像中没有无人机，但是有一个带有飞机专用货门的新机库，可容纳多个无人机。

当地记者萨法尔·汗在《时报》中说，舍姆西的外围区域由巴基斯坦部队驻守，但是机场由美国控制管理，可以看到无人机从基地起飞，基地附近为高级机密区域，不允许外人进入。

在2008年的下半年，无论是在军方还是大众媒体，“捕食者”和“收割者”无人机在巴基斯坦的作战使用已经不是新奇事情了。除了官方人员对舍姆西的新闻消息“震惊”外，很少有人会对媒体中的作战报道感到惊奇。

埃里克·施密特在2009年1月8日的《纽约时报》写道，“过去主要用于杀死‘基地’组织的头目，从去年夏天不断增加‘捕食者’来打击巴基斯坦的作战分子，甚至打击为阿富汗作战分子补给导弹的运输卡车。许多‘捕食者’打击深入巴基斯坦领土25英里内，不止是沿着边界进行。高级军事和反恐官员说增加的‘捕食者’打击次数正在破坏已有的计划，将叛乱分子推向了巴基斯坦内部地区，一些叛乱分子指挥官不得不增加更多的哨兵、使用无绳和卫星电话，美国通过偷听来监视他们的行动。”

“捕食者”作为全球反恐战争用的武器代表，经过3年后在2004年10月飞行了10万小时，到2007年6月达到了25万小时的里程碑。到了20个月后的2009年2月，达到了50万飞行小时，从而表明了“捕食者”无人机的广泛使用。与此同时，在华盛顿成立了一个新组织，改变了战争的前景。

伴随奥巴马政府2009年以来在巴基斯坦打击“基地”组织力度的不断增加，美国对战争的概念不断改变。在2001年打击恐怖组织刚开始时，是打着“全球反恐战争”的旗号，虽然国防部未官方命名这个行动代号。

下图：2011年1月2日，在阿富汗坎大哈省的坎大哈机场，坎大哈机场区域承包中心的美军士兵们在停机坪上开完延长服役典礼后，在一架MQ-9“收割者”无人机前摆姿势拍合影。（美国陆军，卡罗尔·A.雷曼下士摄）

右图：2011年1月2日，阿富汗坎大哈省坎大哈机场的停机坪上。在延长服役典礼后，坎大哈机场区域承包中心的美国空军技术中士凯尔·克里米亚（右）与空军上尉特里·怀特德（左）在MQ-9“收割者”无人机前面握手。（美国陆军，卡罗尔·A.雷曼下士摄）

2009年3月，当新政府停止使用“全球反恐战争”词语时，媒体捕获到这点并定义为战略和观念上的改变。3月25日，斯考特·威尔森和阿尔·卡门在《华盛顿邮报》中报道，奥巴马政府正停止使用“全球反恐战争”这种从前任继承的、夸大其辞的描述。而且，国际法学家委员会劝说奥巴马政府停止使用“反恐战争”一词。

对于“全球反恐战争”说法，在要求新政府改变说法的信中，位于日内瓦的委员会谴责布什政府是对人权平等和人道主义法律的破坏。

威尔森对卡门说，从两天前发给国防部成员的邮件中开始发生了微妙转变。据称，国防部安全办公室的备忘录中强调，这届政府避免使用“长期反恐战争”或“全球反恐战争”词语。请在发言稿中使用“海外突发行动”，在行政管理和预算局使用前尽力改变。

《华盛顿邮报》推断备忘录内容是计划实施的，后来海军陆战队约翰·伯格曼中将予以证实。报道还称，对于所谓政策改变理由上存在分歧。虽然备忘录说改变要求来自行政管理和预算局，可其发言人肯尼思拜尔在3月24日声明，“没有备忘录和指导意见。在议会证实前，没有理由让我相信那个叫法将会被废除。”

威尔森和卡门在文章中说，一个月以来国防部在伊拉克和阿富汗使用了“海外突发作战”一词，虽然多年来国防部在讨论海外作战时，也偶尔

左图：在MQ-1"捕食者"无人机培训期间，美国空军三级军士长詹妮弗·奥伯格（背景）、通信维护教员和下士拉奎尔·马丁内斯检查地面控制站。（美国空军，瓦尔·吉姆皮斯摄）

使用这个词语。

也许不会再有"反恐战争"了，可就在上述报道当天，《华盛顿邮报》文章称一架美国武装无人机在南瓦济里斯坦发射了两枚导弹。BBC报道该事件击毙了7个恐怖分子，当地人说是阿拉伯和乌兹别克斯坦人。

据统计，一半的无人机打击作战在南瓦济里斯坦进行，而北瓦济里斯坦为38%左右。

BBC和路透社通常会使用词语"疑似无人机"，而法新社在引用巴基斯坦官员的话时直接给出无人机型号的小写字母，"在位于拉德哈西北8英里处的马凯恩地区使用'捕食者'进行了打击作战。"马凯恩在南瓦济里斯坦的西北部、马赫苏德部落所在地，由塔利班首领拜图拉·马苏德控制，被指控是2007年前巴基斯坦总理贝·布托刺杀案的策划者。

战争也许会有所改变，但是"捕食者"无人机的工作仍在继续，依旧活跃出现在全球媒体上。

次日，法新社报道了另一起打击行动，这次引用了当地安全官员的话，"怀疑是来自无人机的两枚导弹击中了当地前作战部落首领马利克·古拉布·汗的住所，有4个居民身亡。"5天后马赫苏德予以还击，不是针对飞行操作无人机的美国中央情报局，而是冲着保护无人机的巴方警察。在周二，马赫苏德派出12名枪炮手，使用自动武器、手榴弹或导弹，攻击在拉合尔的马纳瓦安警察局，5名受训人员、2名教官和1名路过者死亡。

4月份"突发作战"打击力度仍旧持续不断，武装无人机从舍姆西或者阿富汗起飞再到巴基斯坦部落区域作战目标上空飞行。4月1日的BBC报道，在与阿富汗接壤地界、巴基斯坦联邦直辖部落地区的奥勒格宰地区，疑似无人机投放的导弹至少杀死了14人，该地区居民说导弹将塔利班首领的房屋完全摧毁。BBC驻伊斯兰堡的赛义德·阿伊布·哈桑说，无人机在奥勒格宰的首次攻击是美国正在拓展打击区域的另一个信号。

4月4日，当另一起无人机击毙了巴基斯坦情报人员所说的13名外国作战分子时，马赫苏德声称对当天纽约的宾厄姆顿移民局13人死亡事件负责。纯粹为虚张声势，是特意为自己那些无知的追随者设计的谎言。事实上，宾厄姆顿事件的嫌疑人是越南籍移民黄灵发。据宾厄姆顿警察局主管说，他因说不好英语在人们取笑他时心情变坏所致。

在“突发作战”中，据媒体报道无人机在巴基斯坦行动次数，仅在3、4两个月中就远超出了2008年前9个月。因为中央情报局和中央司令部都未确认这些行动，信息都来源于在巴基斯坦内有自己的特约记者的独立媒体。

即使美国未公布官方数据，人们相信媒体中广泛报道的无人机在巴基斯坦和阿富汗作战次数显著增加。基于美国在巴基斯坦空中作战公开数据，比尔·罗吉欧和亚历山大·迈尔在《长期战争杂志》中进行了分析，在无人机使用频度上明显增加的同时，也加强了打击的致命性程度，他们指出五次打击中至少有一次能击中重要目标。

他们也指出“基地”组织扩展作战分支的训练营也是主要打击目标，文中说这个分支目标在美国、欧洲和印度执行恐怖活动，以及针对阿富汗、巴基斯坦外的西方团体。在多次“捕食者”行动中击毙了在西方居住过并持有外国护照的“基地”组织成员。和“全球反恐战争”时一样巴基斯坦继续例行地谴责每一起无人机打击行动。但是当巴基斯坦谴责“突发作战”时，并非反对而是希望能参与作战行动。2009年6月14日，奥古斯丁·安东尼在路透社报道，基于两国政府协议，奥巴马政府继续进行导弹打击行动的同时，允许巴基斯坦公开对该行为谴责，并且美国将无人机在

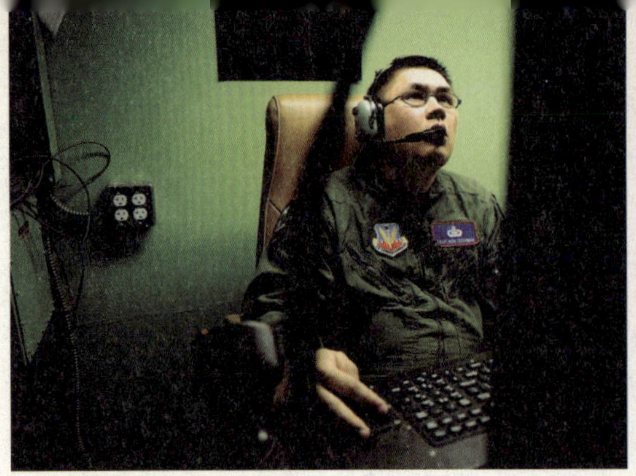

上图与右图：来自内华达州克里奇空军基地第432联队的“捕食者”传感器操作手、美国空军技术中士罗恩·泽克曼，仔细翻阅RQ-1“捕食者”无人机的飞行前检查清单。（美国空军，技术中士詹姆斯·哈珀摄）

巴基斯坦空中侦察到的在阿富汗边界的叛乱分子数据给予巴基斯坦。

巴基斯坦驻美国大使侯赛因·哈卡尼曾告诉《纽约时报》，“对于无人机打击事件，巴基斯坦并不关心打击的那些坏家伙，而是国家的主权。”

在停止了布什政府2008年确定的联合任务纲要后，在2009年3月巴基斯坦又被带进了新一轮的共赢协议中。5月13日的《纽约时报》中艾瑞克·施密特和马克·马西堤写道，通过为巴基斯坦提供更多的情报图像，包括无人机获取实时视频和电子技侦数据，以减少不断增加的关于如何使用无人机和谁来决定在巴基斯坦领空的秘密作战行动的争议。

文章中还说，在3月份美国军方在阿富汗起飞，沿着阿富汗、巴基斯坦边界线进行了验证飞行，展示“捕食者”无人机能够提供的图像和通信侦察信息。美国将侦察信息传输到开伯尔边防站的由美国、巴基斯坦和阿富汗共同使用的联合中心，信息通过巴基斯坦安全数据库进行发送。

很显然这轮测试效果很好，巴基斯坦要求更多的“捕食者”以支持本国在部落地区的作战行动。

尽管如此，巴基斯坦继续上演着抗议的游戏。在2009年，《卡萨布兰卡》中的克劳德·雷恩斯角色由外交部发言人阿卜杜勒·巴西特扮演。在联手协议实施了5个月后，巴西特气愤道，“我们希望无人机停止攻击。我们反反复复和美国谈起这件事。巴基斯坦有能力进行自己的军事行动。”

人们几乎想起了马塞尔·戴利奥扮演的赌场管理员拿着巴西特的“战

利品”走上台来。这次，呈上的“战利品”是无人机下行数据链中的丰富信息。

媒体尽职尽责地报道了巴西特的话，巴基斯坦想拥有独立自主打击塔利班的力量，自行搜索巴基斯坦政府列入的头号敌人马赫·苏德。事实上，简氏信息集团把他描述为“巴基斯坦最想解决的人物”，除了刺杀外，多年来马赫·苏德的暴徒团伙和狂热的自杀炸弹者在主要城市作乱。如简氏信息集团指出的，他也是美国极力想除去的眼中钉，在他的占领的地盘庇护着“基地”组织人员。

施密特和马泽蒂也报道了奥巴马与扎尔达里在5月初的总统会晤，其间扎尔达里重复了早期提出的在本国自己使用“捕食者”的要求。巴基斯坦一直在增加秘密手段请求配备自己的“捕食者”无人机。虽然美国同意了英国、意大利和土耳其的“捕食者”无人机使用请求，巴基斯坦却屡次遭到拒绝。

记者引用某巴基斯坦官员的话，“扎尔达里希望拥有属于自己的武装无人机技术，部分原因是抚平国内民众对于中央情报局在本土空中打击行

下图：来自内华达州克里奇空军基地第432联队的“捕食者”飞行员、美国空军少校杰夫·布赖特，仔细翻阅一份RQ-1“捕食者”无人机的飞行前检查清单。（美国空军，技术中士詹姆斯·哈珀摄）

动的怨气。如果巴基斯坦有了自己的‘捕食者’，在伊斯兰堡的政府可向公众交代用于打击反动分子的是巴基斯坦而不是美国的导弹。”

在休斯敦的巴基斯坦总领事穆罕默德·阿其尔·纳迪姆，进一步指出如果巴基斯坦没有使用无人机，战争会失败，“我们是想输掉战争还是想让这些武器秘密化？” 在4月28日当地的世界事务理事会演讲前，纳迪姆同《圣安东尼奥新闻快报》的记者克里·斯坦森先生说，“如果美国政府进行真正的合作，他们应该也帮助我们打击这些恐怖分子。”

扎尔达里也继续要求奥巴马进行除信息共享外的联合无人机作战。但是，控制无人机在巴基斯坦飞行的人们谈到过去的失败教训，坚持要求在美国控制下使用无人机。一位美国反恐官员告诉施密特和马泽蒂，“我们针对的是反对美国及相关利益的目标，不关心他们需要的那类目标。之前试着采取联合，但没有奏效。这些是不容我们忽视的事实。”

被美国断然拒绝后，巴基斯坦军方最终采取采购方式，不但购买自己的无人机，也需要能在巴基斯坦生产的能力。最终签下的合同方是印度联合投资公司SELEX（传感器与机载系统有限公司）和意大利伽利略航空公

下图：2009年4月22日，在内华达州克里奇空军基地一次任务中，美国空军一等兵凯莱布·福斯（右），MQ-1“捕食者”无人机传感器操作手协助乔登·史密斯中尉、MQ-1飞行员进行目标定位，这两人都隶属于第11侦察中队。（美国空军，下士纳丁·Y.巴克力摄）

司（芬梅卡尼卡集团旗下电子防御系统公司）。

合同中要求在卡姆拉的巴基斯坦航空联合体公司生产“隼”式无人机，双尾撑、涡桨发动机，续航时间超出14小时，与RQ-5“猎人”的配置相当、尺寸也差不多一样。据报道2009年秋天时，24架“隼”式无人机中的首架部署在巴基斯坦，与史瓦特河谷的塔利班作战，虽然仅具有监视和目标捕获功能。

在2009年盛夏时，美国和巴基斯坦仍在努力寻找拜图拉·马苏德，虽然这不是扎尔达里希望的联合方式，但双方为了相同目标都各自在行动着。

6月23日，在巴基斯坦陆军和空军准备在南瓦济里斯坦进行大规模军事行动时，马苏德正在指挥着和敌帮头领卡里·扎因丁的作战。巴基斯坦政府想通过扎因丁，一举歼灭马苏德领导的塔利班团伙。

辟尔·祖拜尔·沙赫和萨曼·马苏德在《纽约时报》中写道，“近几个月来，扎因丁和他的团伙帮助政府瓦解马苏德和他的组织在该地区的作战能力，杀死马苏德团伙30多人。在30多岁时扎因丁在马苏德统领的一个部落中，但扎因丁脱离马苏德后加入了土耳其斯坦的Bhaitani组织，这是早期的、倾向于与政府团结的塔利班武装人员。官方上，巴基斯坦军队否认

下图：2009年4月3日，美国海关和边境防卫局的一名空中封锁特工乔纳森·约翰逊操纵一架“捕食者B”无人机。（国防部，美国空军二级军士长戴维·H.利普摄）

有支持行动。”

马苏德的打击行动很快遭到了还击。

从无人机获取的视频图像中明显看出，巴基斯坦部落的这群暴徒团伙头领的葬礼中明显会有敌对团伙的首领参加。6月23日下午在马凯恩城镇附近进行的葬礼中情景就是如此，送葬者不知晓在他们头顶上就有从BBC到卡达尔半岛电视台各种媒体都有所描述的“美国无人机”。

这次导弹袭击中死亡人数报道，从《卡达尔半岛电视台》中提及的45人，到《纽约时报》中报道的60人。这是无人机打击塔利班和“基地”组织中，巴基斯坦记载的死亡人数最多的一次。但和3月的一样，马苏德没有在死亡名单中。《纽约时报》和Geo电视网络引用某信息，“死者中包括名为卡里·侯赛因的自杀式炸弹训练者，以及塔利班指挥官桑金，虽然无法立即确认可靠性。”

不到两周后的7月8日BBC报道，“美国无人机在两个几乎一样的打击中击毙反动分子50人左右。此次打击的目标是拉德哈和萨拉罗加堡之间主要道路上行进的车队，以及匿藏在拉德哈东南6英里处、森林稠密Karwan Manza山区中的一个塔利班组织。BBC在伊斯兰堡的赛义德·阿伊布·哈桑称，两次打击目标都是拜图拉·马苏德。”但可惜的是他未在被打击的行列中。报道还称，“我

左图：美国空军上士梅利莎·阿尔坎塔拉、第163侦察联队第163飞行通信支队的一名计算机系统操作员，使用网络服务器装载安全补丁并监控网络使用。第163侦察联队的任务是操纵MQ-1“捕食者”无人机并提供维修培训。（美国空军，瓦尔·吉姆皮斯摄）

们记者说，无人机打击次数的增加极大地增加了巴基斯坦塔利班指挥作战人员的不安全性。”

巴基斯坦官员告诉BBC说，在森林营地攻击中投放了6枚导弹，而在运输打击中发射了5枚。如果是“捕食者”无人机，意味着每次行动有3架“捕食者”多机飞行。当时，很少武装“捕食者”多机协同飞行，大多是单独作战。

8月5日，“捕食者”无人机再次开始搜捕马苏德，靶标锁定位于南瓦济里斯坦拉德哈东北大约9英里处Zangarha地区的一处房屋，事后当地人告诉BBC房屋为马苏德的岳父马立克所属。BBC报道，疑似美国无人机发射了2枚导弹，击中了帮派头领的妻妾。在攻击马苏德的那天，马立克的一个侄子告诉BBC乌尔都语服务部的迪拉瓦尔汗，导弹袭击时至少有40人在房屋内。

巴基斯坦的最早报道中说马苏德当时不在场，但是谣言很快传开，从中可表明他已经受到致命打击。几天后，巴基斯坦内务大臣拉赫曼·马利克说据可信消息马苏德已被击毙。在美国NBC的《与媒体见面》节目中，国家安全顾问琼斯说马苏德的死较符合推断，有90%的确定性。

8月25日BBC报道，塔利班最终证实了马苏德的死亡，他的亲信哈基穆拉·马苏德和瓦利拉·赫曼确认他是在美国导弹打击中受伤，两周后不治身亡。在9月底，从塔利班公开的视频中明显看出有马苏德的尸体。从那时起，就有媒体广泛报道哈基·穆拉接替马苏德成为塔利班在巴基斯坦的头领。

打击“基地”组织和塔利班的战争如同面对一个多头蛇，但是一个接一个地斩首了他们。

实践证明，用噪音小的无人机去猎杀小型重要目标的应用时代已经到来。到2009年时，有人提出此战术应用模式不仅仅是总体战略的一个组成部分，还是美国在阿富汗以及巴基斯坦未来战略方针的重要基础。

## 地面飞行员的工作

内华达沙漠上的克里奇空军基地，毗邻拉斯维加斯，在此仿佛能嗅到猫王扮演者身上科隆香水的味道。美国和英国的无人机飞行员们每天在此工作，操纵着远在地球彼端的“捕食者”与“收割者”无人机。最初，他们都是来自于战斗机飞行员。但到2009年时无人机飞行员需求增长最快，美国空军中队伍便很快壮大起来。

到2008年年底，无人机每月飞行时间达到上万小时。基于此需求空军制定了能力扩展计划，重点是扩大克里奇基地无人机指挥控制站中的飞行员队伍。事实上，空军计划在四年多的时间内将无人机操作人员从450人增加到1100人。空军司令部作战指挥部空中作战主任林恩·夏洛克准将说，无人机飞行员数量将很快超过除F-16外的所有飞机。

曾为F-15飞行员，克里奇空军基地第11侦察中队的“捕食者”飞行指挥官斯皮内塔上校说，在购买无人机平台数量上空军首次开始超过了有人机。

2009年之前，在克里奇基地的无人机飞行员都曾为在飞机座舱中驾驶飞机的有人机飞行员，临时抽调完成无人机飞行任务后再返回原来的座舱岗位。但是，2008年秋天开始在无人机飞行员培训方面发生了根本性的改变，空军航空教育训练司令部开始培训专职的无人机飞行员。

安娜·马尔罗尼在2009年1月的《空军杂志》中报道，采取两步走的方案，首先安排新飞行员直接上岗飞行无人机，其次将非飞行员培训为无人机专职飞行员，无人机飞行员很快会成为专门特定的职业，此举表明了在未来几年内无人机和无人机飞行员的需求会剧增。

2008年10月，帕特里·克勒博中尉成为通过联合特种飞行员训练毕业的首位无人机飞行员，在接下来的一个月无人机基础培训在得州的伦道夫空军基地开始，从700个候选中大约选拔出100名成为无人机飞行员。

无人机训练课程包括在普韦布洛、科罗拉多的介绍性飞行培训，在伦道夫的无人机系统基础培训，内华达州内利斯空军的联合空对地培训，最后是克里奇的基本资质训练课程。首批无人机飞行员的培训课程于2009年4月开始。

在解释空军扩大无人机飞行员队伍的原因时，空军司令部作战指挥部空中作战主任夏洛克对《空军杂志》记者马尔·罗尼说，“当看到空军对无人机飞行员的需求时，我们想建立专门的职业，我们在寻找能学会操纵无人机系统的人并教会他们如何操作。我们想通过空军培训计划让他们体验在美国以及其他作战地区飞行无人机，我们想通过培训让没有或很少飞行经验的人能很好地通过测试。”

克里奇“捕食者”无人机培训学校的负责人是第11侦察中队的斯皮内塔上校，“收割者”培训负责人是前F-16飞行员、第42攻击中队指挥官高夫中校。

学校课程包括基本飞行器操作办法、发现与挖掘情报目标流程，以及基本的空中攻击操作。在空中攻击中，学员学习在地面火力支援行动中如何发射AGM 114“地狱火”导弹，以及如何与其他飞机协同作战。

第42攻击中队指挥官高夫中校告诉《空军杂志》记者马尔·罗尼，

下图：2009年12月27日，在阿富汗坎大哈机场，一架美国空军MQ-9“收割者”无人机准备起飞。（美国空军，技术中士埃弗伦·洛佩兹摄）

左图：2012年3月15日，通用原子能航空系统公司MQ-9“收割者”改进型、美国宇航局的“伊卡纳”，黎明前进行飞行前发动机试车，这是新的ADS-B飞机监控技术在无人机系统上的首次试验飞行。（NASA，托尼·兰迪斯摄）

“在深层次上我们也会讲述谁能下达命令以及如何诱导出敌人，通过他们找出友军位置并有效地识别。”

2009年7月，第二期“捕食者”和“收割者”无人机培训计划在新墨西哥州的霍洛曼空军基地进行，之前有F-117隐身战斗机在此驻扎。和克里奇空军基地一样，霍洛曼基地拥有良好的飞行天气和空旷的飞行空间。克里奇和内利斯空军基地毗邻，而霍洛曼紧挨着白沙导弹靶场。

也是在7月，为完善飞行员训练，空军在伦道夫空军基地启动了基本传感器操作员培训（BSOT）课程。如第12飞行训练联队所宣布，第一批传感器操作手包含来自其他领域的跨专业人员，而9月份为了培训专业传感器操作人员。空军继续坚持无人机飞行员的军官职位，BSOT下的传感器操作员可以为在编人员，该课程结束后加入到无人机飞行员队伍联合培训。

同时，非飞行员的空军军官也参加无人机飞行训练。2009年1月，从40名人员中选出的首批10名在普韦布洛市培训。美国军队政策部门主管查理斯·阿门特劳特上校说，“空军士兵中心接到数百个电话。选中10名人员的标准很严，我们计划公开选拔过程吸引大家的兴趣，尤其是年轻的军官们能够确保我们长期的成功。”

与此同时，无人机的行动在除克里奇基地外空军全国分散进行。与在克里奇的第432空中远程侦察联队合作，从美国空军国家警卫队的安全中心起飞。到2009年年初时，警卫队在亚利桑那州、加州、北达科他州和得克萨斯州建立了4个“捕食者”部队。

北达科塔他州的第119联队指挥官罗伯特·贝克伦德上校说，在2006年时119联队的F-16由C-21里尔喷气机替代后，三分之二以上的F-16飞行员转为“捕食者”无人机飞行员。加州马瑟联合储备基地航空警卫队的飞行员从KC-135“空中补给站”改为操纵“捕食者”。纽约航空警卫队的第174飞行联队在2009年从早期伊拉克的巡游回到汉考克基地，成为首个航空警卫队MQ-9“收割者”中队。

2009年6月《飞行无线电飞机》报道，斯皮内塔上校在无人机地面站的“座舱”里为无人机飞行员讲解飞行无人机的技术挑战，他把这种皮椅的“座舱”描述为十分舒适，就像是“星际争霸战”中科克船长的指挥椅。观众中为有人机飞行的专家，即使是稍微小一点的飞机。

在克里奇基地地面控制站中的座椅可能是舒适的，但是在外部署“捕食者”控制站已去除这样的座椅，只有一排排的计算机、工作台、操纵杆、油门和方向舵。“操作2个键盘、监视5个视频监视器会使你相当忙

下图：2007年8月9日，在西部各州的消防任务中，NASA的通用原子能航空系统公司的MQ-9无人机改进型左翼下装载传感器吊舱在加州上空巡航。（NASA，吉姆·罗斯摄）

禄”，“捕食者”飞行员德布·李中校和斯皮内塔解释到，“当你执行复杂任务，如支持特种作战部队袭击可疑恐怖分子窝点时，无疑你需要好好干一场！”

和操纵可以目视的遥控模型飞机相比，“捕食者”无人机飞行员能够实时控制7000英里以外的飞机，通过数据链和地球同步轨道22000英里远处的通信卫星双向通信。

从各方面来看，无人机飞行比常规飞机、遥控模型飞机更具挑战性。斯皮内塔解释说，无人机飞行员无法通过座舱窗口看到外面，没有周边环境的附加信息。例如，无法通过发动机转速的声音变化、座舱外风速的变化提醒以增加飞行速度。在强侧风时，不得不瞄准跑道远处的飞机直到它消失在视场范围内。只能偶尔瞥下跑道，否则飞机会远离跑道中心线无法安全着陆。二维计算机屏幕的制约使得“捕食者”无人机着陆是航空界费劲难事之一。

前F/A-18飞行员、美国海军战斗机武器学校毕业生詹姆斯·吉尔上校对此表示同意，“相当紧张，当有风时甚至比着舰还艰难！”

吉尔发表此观点时情形已大不相同，无人机飞行员不再必须具备着舰和着陆方面的经验。

10年前，无人机能够执行作战任务还仅出现在科幻题材中，如今无人机能够完成许多也许最终会是最多的作战任务，飞行员能与无人机和作战目标相距成千上万里。

当战争在寒冷的兴都库什山脉展开时，军事外的许多媒体猜测战争可能由“捕食者”无人机完成的。也许它们比已经展现出来的更为重要。

# 7 无人空中作战的未来

从非主流到主流，无人机已然成为战场上众人瞩目的焦点，尽管其发展趋势仍难以追寻，如同“捕食者”无人机在25000英尺高空对地面目标动向难以跟踪一样。21世纪伊始，当人们试图将无人机作为攻击型武器进行描述时，刚更名为J-UCAS项目的UCAV正描绘着无人空战的未来蓝图，而“捕食者”似乎只是小城镇里才玩耍的游戏。但事实并非如此，经历21世纪的第一个风风雨雨的十年，雄心勃勃的J-UCAS项目已经终止，但战术用无人战斗机正从航空航天界意想不到的角落之处成长起来。

同时，这类无人机的部署方式也有很大变化。正如前一章所提及，以无人空战为核心的战术理念曾一度看似荒谬，但那些日子已悄然远去。

下图：2010年10月，加州帕姆代尔停机坪上的一架诺斯罗普·格鲁门的X-47B无人空战系统。（诺斯罗普·格鲁门）

第11侦察中队的斯皮内塔中校曾指出，“捕食者”上装备武器只是空军转变成以UAS为中心军队所迈出的第一步，我们已经到达科技革命的这个转折点。

对于斯皮内塔第一步的说法基本是正确的，装备更全面、能力更强的“收割者”差不多代表着第二步。“捕食者”将空战技术带入一个转折点的说法也是正确的，而美国空军是否会演变成一个以UAS为核心的军队仍有待观察。

鉴于2006年时J-UCAS项目突兀下马，而诸多战斗用UAV/UAS概念机又不断出现，关于未来趋势最好的说法便是“一切皆有可能”。事实上，在2009年与J-UCAS项目一起消失的波音X-45C项目，几年后作为“幻影射线”概念机得以重生。

从武装“捕食者”例子我们可看出，差不多任何UAV/UAS都可能改造成加装携带武器。一个世纪甚至在第一次世界大战前，军用双翼飞机开始在空中窥探敌方军队活动，不久就找到了从敞开的驾驶舱投炸弹的方法。与此相同的是，在“捕食者”无人机侦察基础上很快就挂装了“地狱火”导弹。

当今J-UCAS的想法会衍生出成熟产品，但小型化、特种化方面的创新是未来的发展方向。

未来作战无人机的故事演绎依然会围绕“什么样技术”、“在哪里使

左图：DARPA的纳米飞行器（NAV）项目正在开发一种超小型、超轻型飞行器系统（尺寸小于15厘米，重量低于20克），在室内和室外都可以使用。NAV项目正在探索新颖扑翼和其他配置能在城市作战中提供前所未有能力的战斗机。NAV项目将突破小型飞行器系统在气动、能效比、航时和可操作性方面的瓶颈。这些平台将在利用低雷诺数物理学、复杂环境中导航、远距离通信方面具有进行革新。（DARPA）

用”和“为什么使用”三大主题。以“在哪里使用”为例，在2001年8月有谁能想到随后的10年里中，美国和北约会“在阿富汗”消耗掉他们如此之多的武装力量？

到2009年，另一个意想不到的“为什么使用”主题闯入眼帘，在军事行动的概念圈内流行起来，那就是各国海军要与索马里海岸的海盗战斗并在印度洋的海上击败他们。这一次声名鹊起的是海军“班布里奇”号驱逐舰上的“扫描鹰”无人机，也是美国历来与海盗交战史上首次大量提及到无人侦察机，因此大大推动了武装无人战斗机使用的进程。

2009年8月29日，马克·艾布拉姆森在《星条旗报》的一篇文章报道说，美国正在美国非洲司令部（AFRICOM）称为“海洋表情行动”中部署MQ-9“收割者”无人机。据美国海军第67联合特遣部队约翰·摩尔上尉之前所说，行动目的是为了海上安全和反海盗行动。

事实上，大约有75名美国军事和文职人员已准备好行囊前往非洲东海岸约1000英里外的印度洋岛国塞舌尔的马埃岛机场，之前归属美国海军VP 10巡逻中队且基地在吉布提的P3“猎户座”巡逻机曾在该机场使用。

下图：诺斯罗普·格鲁门公司“蝙蝠”无人机系统的三视图。（诺斯罗普·格鲁门）

“这是一个极具战略意义的位置，” 非洲司令部发言人文斯·克劳利告诉艾布·拉姆森，“我们会开展工作来运行和监视有关行动。”

“传统上每年到此时，即季风季节将结束时需进行监视工作。”海军第五舰队内森·克里斯琴森中尉解释说，“去年8月，大约正是这个时候，我们在一天内看到有12起袭击事件。”

美国海军在印度洋上使用“扫描鹰”类舰载无人机从事工作已经有一段时间了，而与之相比，陆基的“收割者”无人机显然具有更大航程，航时更长并能携带武器。

正如9月4日马克·汤普森在《时代周刊》中写道，“打败海盗需要的不是火力而是无人机航时。舰船只能在一小片海域巡逻，之前舰载发射的无人机和陆基有人飞机缺少‘收割者’能够在舰船周边持续14个小时以上的能力。‘收割者’用它一眨不眨的眼睛，可以帮助捕捉曾经频繁溜走的海盗。”

下图：固定在发射装置上的诺斯罗普·格鲁门公司“蝙蝠”无人机。（诺斯罗普·格鲁门）

他接着引用一艘两万吨德国货运船的案例。海盗从这艘货船上拿走270万美元的赎金后成功逃脱，尽管德国“勃兰登堡级”护卫舰在海盗离开该货船12分钟内抵达现场。

作家艾莉莎·隆将该作战部署写入文章，电讯至肯尼亚首都内罗毕，并在东非各媒体上广泛发表，她提醒读者，“自3月以来，两艘悬挂塞舌尔国旗的船只被劫持，还有几艘其他国家的舰船在塞舌尔和科摩罗群岛附近水域受到攻击。”

她报道称，“海盗将他们的活动再往东扩展到缺乏海军巡逻的地区。印度洋被认为是一个比亚丁湾更安全的捕鱼场，由来自十多个国家的军舰在一条通往北方的狭窄航道进行密集巡逻。可近一年来，虽然国际舰队已经成功地防止许多船只被劫持，可这并未能震慑住海盗们停止劫持行动。”

同时，世纪之交以来，像AAI公司的“影子”和英西图公司的“扫描鹰”这样的小型无人机都已经融入到常规战术部署中，并已经在大规模武器不具备施展条件的场合下，展现了小型作战单元资源的重要性。

基于AAI公司和英西图公司已有机型，并继承改进形成新一代飞机。以AAI公司的“航空探测器”（Aerosonde）为例，最初由澳大利亚的同名公司开发，英西图公司早些年开发的“海上扫描”捕鱼跟踪系统由该公司发明设计。2005年一架“航空探测器”飞入到“奥菲莉亚”飓风中，美国国家海洋与大气管理局（NOAA）便开始一直使用这种无人机跟踪和监视热带风暴。

与此同时，到2009年时英西图公司一直测试他们比“扫描鹰”大一半的新型无人机“综合者”，双尾撑飞机的机身有两个容量为50磅的有效载重舱，每个翼下挂架可装载15磅的有效载荷。

“航空探测器”和“综合者”都是列入了小型战术无人机系统（STUAS）或称为“II级”项目中进行评估的无人机。STUAS原本是美国海军和海军陆战队的项目，在2007年进行扩展允许美国空军加入，当时空军正在寻找一种用于保护基地安全任务的新型飞机。在2009年10月，由于意识到在营级UAV/UAS的能力上存在“一个缺口”，美国陆军也宣布对STUAS项目抱有兴趣。

至于“II级”的叫法，它意味着不同的装备对应不同的军兵种。对空军而言，“捕食者”和“收割者”是第II级。而对陆军而言，第II级则说得是体积要小得多的RQ-7“影子”。对于其他军种，像“扫描鹰”这类小型无人机则被归类为第II级。无论等级如何定义，STUAS项目强调的是“小型”。

根据国防部关于这个问题的官方公告，当“在全球反恐战争的战斗行动中，海军陆战队认识到他们在情报、监视和侦察能力上存在显著差距，并确认需要成体系的战术型UAS的覆盖，以便加强态势感知（SA）和使战场指挥官能及时做出决定的能力。STUAS或II级项目中的UAS将是一个持续的、多传感器、易于维护和操作，并与全球信息网格（GIG）关联的远征系统。该系统将从严酷的前线基地和舰船上操作，使用最少的人员、设备和独特的辅助设备”时，便具备了STUAS项目的催化剂。

为满足STUAS的要求，AAI公司在2009年决定将“航空探测器马克

下图：诺斯罗普·格鲁门“蝙蝠”无人机系统的发动机安装在加长发射装置上，就像野外战术行动中使用一样。（诺斯罗普·格鲁门）

4.7”无人机从38.5磅增加到55磅。与此相比“扫描鹰”最大起飞重量为44磅，也是在2009年，AAI公司完成了“航空探测器5”无人机的首次飞行。

上图：诺斯罗普·格鲁门“蝙蝠”无人机系统起飞后的瞬间。“蝙蝠”飞机由斯威夫特/雷神公司的“杀手蜂”演变来的。（诺斯罗普·格鲁门）

除了“航空探测器”和“综合者”，其他STUAS的无人机包括“杀手蜂”（KillerBee，后来被称为“蝙蝠”），它最初由雷声公司和斯威夫特工程公司（赛车开发商）共同研制；还有一种由无人航空系统动力公司正在研制的“暴风雨”无人机，无人航空系统动力公司是由以色列埃尔比特公司美国子公司和通用动力公司于2009年成立的合资企业。在成立这家合资公司时，埃尔比特提供经实战验证的“赫尔墨斯”和“云雀”无人机系统的经验，通用动力公司作为顶级的美国国防承包商则提供了半个世纪的研制经验。

这类小型无人机多数遵循像无人机IAI公司的“先锋”率先使用的直翼、双尾撑机身设计。“杀手蜂”采用了翼身融合设计，与早期的飞机类型相比，它在陆地和海上都能进行发射和回收。在初步测试中，“杀手蜂”在海拔4500英尺飞行，并将视频信息中继转发到约60英里外的一个地面站上。

2008年9月雷神公司将“杀手蜂”带到尤马试验场进行“模拟作战环境”演示。在这次演示中，公司飞行作业机组人员驾驶“悍马”车将飞机系统运到一个遥远的地点，在45分钟内启动并发射“杀手蜂”。在4个小时的试飞中，飞机使用雷声公司的通用控制系统与海军、海军陆战队的计算机系统进行通信。根据公司试验报告，“杀手蜂”系统“接收到‘标枪’导弹控制发射元件和雷神公司的TOW（管状发射、光学跟踪、有线制导）

左图：被回收网捕获的诺斯罗普·格鲁门“蝙蝠”无人机系统。（诺斯罗普·格鲁门）

导弹改进型目标捕获系统的目标输入。”

2009年4月，诺斯罗普·格鲁门公司从斯威夫特工程公司收购了“杀手蜂”的生产线，宣布将会将其发展为“翼展范围从6.5到33.2英尺”的小型无人空中系统“蝙蝠”生产线的基础。诺斯罗普·格鲁门公司继续斯威夫特工程公司的设计改进、生产线开发、飞行测试支持和制造。诺斯罗普·格鲁门公司的航空系统部门负责产品研发。诺斯罗普·格鲁门航空航天系统公司陆空先进概念系统部门副总裁科里·摩尔说，“小型无人空中系统‘蝙蝠’系列将非常适合当今非常规的战争环境，能提供实时的ISR、通信中继和打击能力。”

弗吉尼亚州马纳萨斯的极光飞行科学公司已研制“黄金眼”系列的导管风扇垂直起降无人机，该机型第一架在2003年首飞。有着酒桶形机身和粗短的机翼，“黄金眼”系列飞机在飞行中的形象让人很容易想到用词语“飞碟”来形容它。

由美国陆军资助，“黄金眼”无人机被设计成能在有限空域里执行安静、秘密的侦察任务，这类空域需要垂直起降能力和转换到高速机翼飞行的能力。该公司还提议“黄金眼”适合执行例如为海上执法队伍在船上行动时提供悬停和凝视的能力，以及帮助应急反应队员们评估灾后状况这类任务。

2006年首飞的“黄金眼50”升限为5000英尺，航时为1小时。2009年3

月首飞的“黄金眼80”有它前身2倍的升限和8小时的航时，其有效载荷能力为16磅，它在水平飞行时有每小时140英里的最高速度。

随着这类的小型无人机的体积和有效载荷能力的增加，操作人员自然是想方设法来部署使用，小型无人机必然成为21世纪战场上地面行动中所公认和期盼组成之一。

随着MQ-8“火力侦察兵”和MQ-18“蜂鸟”从研制转为实战部署，它们为其他新型旋翼无人机铺平了道路。这类飞机的易于使用性引起了客户的浓厚兴趣，因为与固定翼UAV/UAS飞机不同，它们不需要专门的发射和回收设备，这点对船上空间狭小的海军尤其有吸引力。

下一代旋翼机中值得关注的是西贝公司的S-100“坎姆考普特”，2009年它成为有史以来第一架在巴黎航展中参加官方飞行表演的无人机。

西贝公司的总部设在奥地利的维也纳，追溯到1951年时它靠生产家电的小电子元件起家。从20世纪80年代开始，该公司成为世界领先的地雷探

下图：在隐形战舰顶层建筑物上的极光“黄金眼80”（右）。（极光飞行科学公司）

测设备生产商，客户名单包括美国陆军。

20世纪90年代，西贝公司涉足无人机，基于空中摄影和电影拍摄的增稳相机平台开始了“坎姆考普特”项目。该项目又一次激起了美国陆军的兴趣，夜视和电子传感器委员会采纳了公司的“坎姆考普特5.1型”用于空中地雷探测领域的研究和开发。美国海岸警备队首次在船甲板上成功地使用了“坎姆考普特5.1”。

S-100“坎姆考普特”无人驾驶直升机相比于“坎姆考普特5.1”体积大幅增加，它是2003—2005年间研制的。像诸多21世纪的UAV/UAS飞机，它可以手动使用可见光或红外摄像机，或利用一台三重冗余飞行计算机按任务剖面自主程控飞行。西贝公司指出，在两种场景下S-100都是通过冗余的惯性导航系统保持自主稳定，通过使用冗余GPS接收机完成导航。

S-100设计了两个机身载荷托架，挂点在两边上，还有一个内部备用电子和航空设备托架。主托架位于主旋翼轴的正下方，能携带重达100磅有效载荷，在执行任务时能持续超过6小时携带75磅的有效载荷。西贝公司在战术监视和侦察、炮火支援、海上监视和两栖支持，以及民用领域推销S-100。

S-100的第一个客户是阿拉伯联合酋长国军方，共买了40架该

左图：“黄金眼100”的项目经理J.C.勒德，该机是极光飞行科学公司为城市或拥挤环境中使用而量身定制的小型无人机系统（SUAS）系列之一。设计要求重量轻，易于携带，安静的电力驱动下长航时飞行，并具备多领域自主操作能力。（极光飞行科学公司）

上图："猎户座"是极光公司的长航时无人机系统，可执行超持久性的情报、监视和侦察（ISR）以及通信中继和打击等军事任务。"猎户座"是美国空军中空全球ISR和通信（MAGIC，Medium Altitude Global ISR and Communication）联合能力技术验证项目的胜出者。"猎户座"能搭载1000磅的有效载荷，在15000～30000英尺的高空持续飞行五天。（极光飞行科学公司，格雷格·大马蒂松摄）

飞机。德国海军成为第一个获得该飞机的海上力量，他们购买该飞机用于在K130"不伦瑞克"级护卫舰上使用，并于2008年夏天在波罗的海进行试航。也是在2008年，法国海军在地中海土伦海军基地沿海"蒙卡尔姆"护卫舰上与在大西洋加那利群岛沿海的西班牙民防一同举行试航。在后者的试航中，在S-100能够使用其最大尺寸35英尺长的紧急停机坪。

在岸上，奥地利和德国的军队也对S-100进行评估。

2009年8月，西贝公司与波音公司签署"合作协议"，正如媒体报道的，为S-100谋求销售和支持机遇。波音公司清楚地看到这架飞机的潜力，波音在2002年时就曾因为"扫描鹰"和英西图公司合作，在2004年曾因为"蜂鸟"收购前沿系统公司。

有了营销组合中的“蜂鸟”和S-100，波音公司依然成为诺斯罗普·格鲁门公司的一个重要竞争对手，尽管“火力侦察兵”已经装备到“麦金纳尼”号航空母舰，其作为“合作协议”的新闻刊登在公司主页上。

在21世纪第一个十年间，如同“捕食者”成为无人空战标志性的武器，诺斯罗普·格鲁门公司的RQ-4“全球鹰”成为美国空军在高空长航时类无人机中标志性飞机。到这十年结束时，具备洲际航程的大型飞机也开始在美国海军和德国空军服役，其他潜在用户包括澳大利亚，也正在考虑之中。HALE的缩写仍用于描述这类飞机，而在20世纪90年代的原本专门为“全球鹰”设置的名词“II级+”已很少被空军提及。

2008年4月被广域海上监视系统（BAMS）项目选用的第一架海军型

下图：这张图片显示了“冰刀”的小巧和紧凑。极光公司已经开发了一系列特定在城市或拥挤的环境中使用的小型无人机系统（SUAS）。设计要求重量轻，易于携带，安静的电力驱动下长航时飞行，并具备多领域自主操作能力。（极光飞行科学公司）

极光公司的“冰刀”在扫视着墙壁，发动机吊舱提供推力矢量同时亦兼备极佳的机动性，使“冰刀”无人机在室内纵向和横向都能飞行，提供城市街道或建筑物内等拥挤环境下的快速导航。“冰刀”的模块化机身提供了所需传感器载荷的能力，以及快速部署和易于现场维修。（极光飞行科学公司）

上图：2008年12月，在维也纳附近的Allensteig军事训练区，作为演习内容之一奥地利军队驾驶西贝公司的S-100 “坎姆考普特”。（西贝公司）

“全球鹰”在服役不到一年后被命名为RQ-4N。从技术上说，RQ-4N是源于美国空军使用的RQ-4批次30“全球鹰”。虽然在外行看来这两架飞机外形相同，但任务的不同使得设备也不一样。美国空军主要是在高海拔地区使用“全球鹰”执行任务，而海军要求他们的“全球鹰”能在云层之下飞行，便于观察船只和甲板货物等细节。

在使用上，BAMS项目的飞机操作与其他长航程巡逻机如P-3“猎户座”及其后继者、波音P-8巡逻机等配合使用。尽管这些飞机具备攻击能力，包括投放鱼雷的能力，海军对“全球鹰”是否武器装载一直闭口不谈。当然，由于两侧机翼上都预留着储物舱，这点是有可能的。

“你有数百架其他飞机可以投弹，所以让这套系统加入其中没有任何意义。”诺斯罗普·格鲁门公司的汤姆·托米告诉《飞行国际》杂志的斯蒂芬·特林布，“这只能增加成本和重量。RQ-4N就是一个情报、监视和

上图：6月10日，在阿联酋阿哈弗拉空军基地诺斯罗普·格鲁门承包商为美国海军RQ-4“全球鹰”完成“150飞行小时”的检查后，安装发动机机舱。“全球鹰”是海上监视和侦察的重要组成，有助于保障美国军事人员的安全。（美国空军，下士布赖恩·J.埃利斯摄）

侦察的传感器。”

谈到使用上的具体差异，特林布接着说，“RQ-4N的机载通信组合性能高于美国空军RQ-4B使用的商用Ku波段卫星链路，尽管作为军队陆上巡逻任务的应急手段是可行的，但商业卫星链路对跨海任务而言是不切实际的。相反，美国海军将使用Ka波段宽带雷达辅助天线卫星作为控制链路，该链路能提供覆盖海洋的优越通讯性能。”

托米解释说，这将使“出去查看一片区域，返回后提取数据，将其交给需要使用的人，这样的一种固有模式转变成一种实时的数据馈送。你随时可以知道船只的准确位置。因为现在他们将实时获得数据，他们不必等待飞机着陆。飞机将一直在目标上空，他们将实时对信息进行分析。”

如同美国空军的“全球鹰”在加州比尔空军基地进行远程控制，

BAMS项目的“全球鹰”从马里兰州帕塔克森特河海军航空站一个类似的任务控制单元上进行控制。作为一名BAMS传感器操作手和前P-3机组人员，航空战专家杰克·鲁瑟在2009年6月发行的《海上力量》杂志中将操作中心描绘成一架飞机的飞行运营中心。

“你必须作为一个团队来工作，所以我觉得保持实际机组人员的完整是非常明智的，即便它是一架无人机，”他写道，“这就是每个人被如何训练的，就是由于我们的身体实际上并不在飞机上，我们想保持机上一样的动态。任务可能持续8～12小时，不管你是否坐在终端前，飞机都会采集图像，所以你能进行短暂的休息，回来后浏览一下继续处理图像。与P-3多是陆上任务截然不同，我们‘全球鹰’的任务主要在国际海域上进行。”

他承认，“有时候，在数千英里外操纵一架无人机看起来像作弊。但如果你看看我们给舰队的实际产品，那么你不会有这种感觉，因为我们已经给了它们执行任务时所需要的情报。我们能帮助它们，没有我们，它们将完不成任务。”

2009年2月，BAMS的“全球鹰”在阿联酋al-Dafra空军基地进行首次海外作战部署，与隶属于第380空中远征联队的空军RQ-4S放在一起。这是在西南亚

左图：2009年6月10日，在阿联酋阿哈弗拉空军基地诺斯罗普·格鲁门公司承包商戴夫·哈奇验证美国海军RQ-4“全球鹰”飞机燃料喷嘴的序列号。作为“150飞行小时”检查中的一部分，正在更换喷嘴。“全球鹰”是海上监视和侦察的重要组成，有助于保障美国军事人员的安全。（美国空军，布赖恩·J.埃利斯下士摄）

上图：第二架美国海军RQ-4“全球鹰”无人机交付，从加州帕姆代尔到加州爱德华兹空军基地。（美国空军，Jim Shryne III摄）

经过五个多月的共同努力建立的海上监视力量。根据五角大楼一位官员的发言，当海军“对国防部在西南亚增加情报，监视和侦察资源的要求做出回应”时，就有了基地的选择。

“这里最终能拥有这架飞机感觉非常棒，”BAMS特遣队指挥官约翰·麦克莱伦中校告诉第380空中预警公共事务的迈克·安德里亚柯中士，“这真让我们感觉是在国内，并成了团队的一部分。现在我们有了发射和回收单元和任务设备，我们终于可以把这种能力投入到战斗中了。”

安德里柯随后在新闻稿写到，海军和空军从合作定位“全球鹰”的行动中获益良多，另外海军人员促使空军“全球鹰”的专业知识和使用技巧“步入了一个经作战环境验证过的方案，从根本上消除了伴随新项目通常出现的学习曲线。这两个军种的专家已经能共同制定一套工作流程，这将确保使用和维护准则中的差异能迅速地被发现和解决。”

第380远征行动小组指挥官凯尔·加兰上校对空军和海军间“全球鹰”发射和回收单元的相似之处进行解释说，“在出现故障的情况下，各军种能将对方的（发射和回收设备）作为备份使用，以便提供增强任务的能

上图：诺斯罗普·格鲁门的“欧洲鹰”在大西洋高空飞行。（诺斯罗普·格鲁门）

力。”

几个月后，在2009年6月，诺斯罗普·格鲁门公司在加州帕姆代尔的42号工厂推出了为美国空军设计的批次40 RQ-4B“全球鹰”无人机。批次40飞机采用了由诺斯罗普·格鲁门公司自己开发的多平台雷达技术嵌入式项目（MP RTIP）的增强型传感器套件。据莱特帕特森空军基地第303航空系统小组工程总监、“全球鹰”系统经理伊薇特·韦伯博士的说法，Block 40的武器系统主要支持“战斗管理和指挥控制（BMC2）任务，同时还支持情报、监视和侦察任务。共搭载的多模式MP RTIP雷达可以提供增强的地面移动目标指示和高质量的雷达成像。”

2009年10月9日，还是在帕姆代尔，进行了第一架“欧洲鹰”的展示，该机是为德国空军制造的“全球鹰”的变种。“欧洲鹰”以批次20“全球鹰”为基础，由诺斯罗普·格鲁门公司和欧洲宇航防务集团（EADS）防务与安全部门（DS）共同开发。

在组织上，“欧洲鹰”由DS下属一家叫做“欧洲鹰”股份有限公司的企业开发、测试和支持，该公司还将负责飞机改装、任务控制、发射和回收的地面部分，以及试飞和后勤支持。据“欧洲鹰”股份有限公司CEO亨氏·于尔根·隆美尔介绍，该公司将作为德国联邦国防部的“国有主要承包商”在‘欧洲鹰’的整个生命周期里发挥作用。

“欧洲鹰”装备了一个由DS开发的新型信号情报（SIGINT）任务系统。DS任务和空中系统部门高级副总裁尼古拉斯·沙米西解释道，该系统将能提供“检测电子和通信发射源的远程能力，德国军方将能够独立满足自身在SIGINT的数据采集和分析方面的需求，为北约、欧盟和联合国的维和行动做出贡献”。

乔·帕帕拉多在《大众机械》中写道，“‘欧洲鹰’是欧洲终于为其军事配备现代化装备的标志，这将有助减小与北约间的差距。当美国向在阿富汗和伊拉克使用的许多新系统投入资金时，欧洲国家在观望。”

事实上，“欧洲鹰”所呈现的能力已经过时很久了。当时德国的海上监视能力仅由两架服役近40年的布雷盖大西洋式反潜巡逻机组成。

下图：2011年7月21日，第一架诺斯罗普·格鲁门的“欧洲鹰”绘有德国空军标志，完成欧洲交付欧洲之旅。（诺斯罗普·格鲁门）

“欧洲鹰”的服役是否实际是为了支持德国有关北约在阿富汗问题上的承诺，这一点仍有待观察。

尽管“全球鹰”正作为长航时无人机的典型代表占据头版头条，但具有难以置信的更长航时的其他飞机正具雏形，至少在概念上。

通过“太阳神”飞机，NASA已经验证了体型巨大、飞得巨高、以太阳能为动力飞机的可能。随着21世纪第一个十年接近尾声，DARPA正在开展一个体现了该机构兴趣——“极致”的计划。

DARPA介绍了他们的“秃鹰”计划，目标是开发一种能在某一目标区域上空不间断持续值守五年以上执行ISR和通信任务的飞机。其技术难点包含维持该飞机连续工作五年的能源管理和可靠性技术。“秃鹰”实际上将是一种拥有着飞机外形的任务可重分配的、持久性能的伪卫星。

在讨论该项目时，DARPA曾用过“无限航时”这一名词。

吉姆·霍奇斯在2008年9月在《空军时代》一篇文章中写道，“洛克希德·马丁公司的飞机设计师德里克·拜仍记得当DARPA在弗吉尼亚州阿灵顿举办的行业日当天宣布‘秃鹰’计划时观众中间的窃笑。但这样的一架飞机并不是完全出乎意料。七年前，一架外形怪异、太阳能动力称为‘太

下图：在加州爱德华兹空军基地罗杰斯干湖边，停在NASA德莱顿飞行研究中心停机坪上的一架NASA“全球鹰”正进行系统测试，准备参加NASA的2010“产生与快速激化过程”（GRIP）飓风任务。（NASA，托尼·兰迪斯摄）

右图：为准备2010年的高空大气科学研究，JPL（喷气推进实验室）的仪器系统工程师约旦·田边（左）和美国宇航局德莱顿中心的钣金技术员比尔·斯坦菲尔德，他们为NASA的“全球鹰”安装HAMSR传感器整流。（NASA，托尼·兰迪斯摄）

阳神’的无人机，创下螺旋桨驱动飞机在96863英尺高空飞行的高度纪录。”

“我们希望彻底改变人们对飞机看法的固有模式，”DARPA的“秃鹰”计划项目经理丹尼尔·纽曼说，“航空有一个完美的记录——但我们从来没有将它留那里（在空中）不管，我们将努力打破这个纪录。”

“秃鹰”的名称暗示黑白兀鹫，是科学界已知飞得最高的鸟类，曾在37000英尺以上的高空被发现。这个单词也是“超高空、超长航时、盘旋于战区的无人侦察部队”不太方便的字母缩写。

同“太阳神”一样，“秃鹰”技术的另一个先驱是“西风”，一架翼展59英尺、75磅重的无人机，它于2008年7月持续飞行82小时37分钟，超过了当时官方的世界无人机飞行航时纪录。“西风”是一家名为“奎奈蒂克”的英国公司的产品，该公司是前英国政府机构国防评估与研究局（DERA）的资产分派后的子公司。轻质碳纤维构造、太阳能动力的“西风”利用太阳能充电的锂硫电池为夜间提供动力。

尽管奎奈蒂克公司不是与DARPA签订合同提交建议书的公司之一，而洛克希德·马丁公司却是。同样还有波音公司和极光飞行科学公司，这两家公司提交了他们与BAE系统公司共同开发的Z翼型“奥德修斯”概念机，作为“秃鹰”计划的参选方案。

左图：在试飞中的“西风”无人机，由奎奈蒂克公司（“QinetiQ”发音为“动能”）开发。2008年8月，飞行了82小时37分钟，超过了无人飞行的官方世界纪录。（奎奈蒂克公司）

同时，在另一个称为“快速眼”项目中，五角大楼还在寻找一种通过弹道导弹方式能在一个小时内输送到世界任何地方的侦察飞机，然后远程实施飞行。这样一种能力早在20世纪60年代就被研究过，并且是从未飞过的X-20“动力倍增器”项目的预期能力之一。

DARPA同样还在寻找一种将“秃鹰”和“快速眼”的能力结合起来的方式。正如2007年拉里·格林纳梅尔在《科学美国人》中报道的，“装到导弹机头的无人侦察机可以发射到可疑地区上空，以便收集更多的情报，如果威胁被证实，另一架可执行低空飞行监视、五年以上不用返回地球加油的飞机将替代它。”

“秃鹰”体积庞大，翼展超过500英尺，但可能会仅约半吨重。

“我们谈论的不是像冷战时需要我们密切注视的庞大厚重的建筑物。”DARPA的韦德·普利亚姆告诉林格纳梅尔，“今天的威胁变得更加不固定，军事反应更可能是低空而长期的，而不是快速而突然的。因此所有相关资源的耐久性很重要。”

正如格林纳梅尔写的那样，“秃鹰”项目开发中的一个问题便是：“可耐用至少五年的坚固组件。一种办法是将飞机模块化，这样组件可以脱离机体在必要时通过远程遥控飞回来，新的模块可以飞上去进行远程组装。另一种办法是使用第二架飞机给“秃鹰”加油并在飞行中修复它。”

另一个问题是用于夜间电力储存的电池。正如NASA兰利研究中心的工程师克雷格·尼科尔告诉吉姆·霍奇斯，“如果你在夏至期间飞行，那时天很长而夜短，那么它看起来很不错，但如果你想在冬季北半球执行飞行任务而天很短夜很长，在那时候它将成为一种挑战。”

韦德·普利亚姆说，“秃鹰”与卫星相比“可以被放于战场上空65000英尺，而不是260英里。”他接着还强调在平流层而不是低地球轨道使用可以提高通信能力和机载传感器的分辨率。

无论“秃鹰”是否会像最初设想的那样被部署使用，研究这样一种装备所产生的技术和数据都必将在21世纪后期衍生出大量不可预知的装备。

同时还有常规运行航时一天以上的“全球鹰”。这将是一种对战略规划者而言非常有吸引力的性能。

“这是航空业的未来。”BAMS的机组人员鲁瑟写道：“从根本上消除了实际飞行人员的风险。失去一台机器总比失去一个生命好，这是两全其美的办法。”

随着美国国防部在联合无人空战系统（J-UCAS）概念下开始用“系统中的系统”这样的语境来概念化其无人战争，“无人作战飞机”的首字母缩写UCAV在2003年被取代。当J-UCAS作为美国的一个项目于2006年也终止的时候，无论UCAV或是UCAS的概念都没有随之消失。事实上，

左图：为期10个月的开发工作后，BAE系统公司的“克莱克斯”（Corax）无人机在2004年首飞，公司将“克莱克斯”作为用于未来战争的无人作战飞机。（BAE系统公司）

UCAV仍然是描绘未来飞机最好的词语，这些未来飞机便是斯皮内塔上校“以UAS为中心的军队”概念的核心。

不仅美国空军，英国皇家空军也在积极探寻未来UCAV的原型。BAE系统公司的“螳螂”大致相当于通用原子能公司的“收割机”。BAE还一直努力研究另一架武装无人机，它可看作大致相当于美国J-UCAS项目中的X战机——X-45和X-47。

同J-UCAS项目一样，BAE公司的“渡鸦”引入隐身技术，飞机的外形有点像洛克希德·马丁公司的RQ-3“暗星”。“渡鸦”于2004年首次飞行，并被严格保密长达两年。据《简氏国际防务评论》的比尔·斯威特曼称，最初飞行的“渡鸦”无人机曾经是一架翼展为16～19英尺的缩比验证机，该验证机研制用于测试其稳定性、控制和设计性能。

斯威特曼告诉英国广播公司新闻科学记者保罗·林孔，“如果你看一下‘渡鸦’的外形，会让你联想到它是被设计飞得相当高、相当慢，并有相当长航时的飞机，它看起来是一架相当典型的侦察机。但如果你把它的长外翼去掉然后（像X-45那样）加上较短的后掠翼，你将看到一架稍快些的，更像是一个攻击平台的飞机。”

同时，英国从通用原子公司收购了“捕食者”和“收割者”，英国工

左图：BAE公司的“复仇女神”，高长航时快速插入技术（HERTI）项目的武器装载无人机，在2008年范保罗国际航空展上首次亮相。按武装侦察和近距离空中支援任务设计，“复仇女神”可以配备武器，例如泰利斯公司的轻型多用途导弹（LMM）。（BAE系统公司）

业界致力于发展本土的武装UAV/UAS能力，以便超越曾被威利·巴赫爵士夸大其词说成比“捕食者”“领先一代”的WK450“守望者”无人机的有限能力。

事实上，英国国防部对无人战机非常热衷，英国的2005年《国防工业战略》指出，“未来空战能力的一个重要组成部分，英国正在考察有人飞机和无人飞机之间的平衡。”这是否意味着平衡将从有人平台上转移？

世纪之交以来，英国航空航天公司的继承者、欧洲最大的国防承包商BAE系统公司已计划生产大量这种飞机。公司这一举措的部分动机是通过开发更廉价的UAV/UAS，在商业市场中与“捕食者”和“收割者”竞争。在21世纪第一个十年结束时，BAE公司的数个机型已在有限的基地上测试或部署过。

BAE系统公司的高长航时快速插入技术（HERTI）项目是在英国沃顿的BAE中心进行开发的，相当数量的组件来自BAE系统公司的澳大利亚分部。后者曾开发过小型双测试区进行，那里是BAE的前身公司在长达半个

下图：英国兰开夏郡的沃顿机场，BAE系统公司高长航时快速插入技术（HERTI）项目下的无人机。据该公司介绍HERTI平台从BAE自主飞机和系统技术验证扩展项目演变而来，集成了世界领先的自主系统和经过航空验证的传感器技术。（BAE系统公司）

左图：在公司电子战测试工厂中的一架BAE系统公司的“螳螂”。（BAE系统公司）

世纪的时间里进行导弹和其他飞行试验的地方。

2005年，在苏格兰上空进行了几次HERTI飞行，飞机从坎贝尔城机场起飞，该机场是以前英国皇家空军的马希利汉尼基地。据报道称这是在英国飞行的第一架拥有民用航空授权证书的无人机。

HERTI原型机的机身以波兰J＆AS航空设计所罗斯瓦夫·雅诺夫斯基设计的一架动力滑翔机为基础，其最大起飞重量为990磅，有效载荷约330磅。尽管《飞行国际》报道称，可投入使用的HERTI重量超过1600磅。

在HERTI的各种变种中，按发动机类型分类为：以宝马活塞式发动机为动力并配备了ICE（图像采集和开发）系统的HERTI-1A；以Rotax活塞式发动机为动力并配备一个更复杂自动ICE Ⅱ系统（有效载荷）的HERTI-1B；还有涡轮动力的HERTI-1D。

2006年，在“莫妮卡”项目中，英国皇家空军将HERTI租赁到阿富汗进行一次评估部署，BAE系统公司在堡垒营空军基地执行飞行任务。正如2007年11月克雷格·霍伊尔在《飞行国际》中报道的那样，“BAE和RAF谢绝对正在执行的具体任务发表评论，但有消息表明，该无人机可能是用来执行如监视边境地区这类任务，根据其任务载荷对连续变化检测能力也可能是用来标出土制炸弹的安置点……除了提供图像情报，此次部署也成功地验证了该系统具有与其他空中交通工具进行安全防碰撞的能力。”

与美国空军和英国皇家空军的“捕食者”和“收割者”的控制者身处内华达州一样，HERTI的飞行员在英国。霍伊尔解释称，HERTI的使用“展示了一种所谓的‘回传’的能力，团队能够通过卫星将图像中继回传到英国。从一个封装在6.1米（20英尺）长的ISO国际标准集装箱内的地面控制站监控操作，里面有飞行员、图像分析员和任务指挥官的工作席位。”

BAE军事自主系统部门的销售和市场总监安迪·威尔逊告诉霍伊尔，“这是英国皇家空军第一次向一个自主系统颁发认证”。

同“收割者”的情况一样，把HERTI武装起来的想法一开始时就有。2008年6月，BAE公司在法恩伯勒国际航空展中展示了称为“复仇女神”的HERTI武装型变种。配备一套设备管理系统，“复仇女神”被设计成能装备泰勒斯公司的轻型多用途导弹（LMM）。最初于2007年在英国推出的LMM具有了一种能将附带伤害降至最小的高精确度武器。泰勒斯公司将LMM作为具有“可用于静止装置、轮式或履带式车辆、无人机、直升机和快速海岸攻击登陆艇的多用途能力”进行推销。

显然，BAE公司希望将“复仇女神”作为一种“捕食者”和“收割者”廉价替代品进行推销并从中获利。BAE“复仇女神”项目的项目总监克里斯·克拉克森说，新型攻击无人机是“一种具备扮演多种军事角色能力的，不太昂贵的可靠的平台。‘复仇女神’具备高度的自主性，结合了许多在其他无人

右图：一架BAE系统公司的“螳螂”在停机坪上。“螳螂”无人机以双引擎桨发动机为动力，其尺寸和任务能力可与美国的MQ-9“收割者”相媲美。原型机于2009年10月在南澳大利亚的伍默拉测试场首飞。（BAE系统公司）

左图：BAE系统公司“恶魔”有一种新型的气动控制系统，该系统利用发动机排气和喷射空气来替代通常由襟翼、副翼和升降舵提供的空气动力。2010年9月17日“恶魔”从英国沿岸的沃尔尼岛进行首飞。（BAE系统公司）

机平台上验证过的组件，其中包括小型逻辑封装和可靠且高精确度的武器系统进而降低操作人员工作负荷”。

2009年3月，BAE公司又推出了一架从HERTI发展而来的武装无人机。这架飞机称为“螳螂”，它是在澳大利亚维多利亚州阿瓦隆机场举办的国际航展暨航空航天及国防博览会上公开亮相的。由BAE公司、英国国防部（MOD）和其他的合作伙伴共同出资研制，“螳螂”是一个高新技术展示品，被官方描述为“一个可提供深度持久ISTAR（情报、监视、捕获和侦察）的自主中高空长航时（MALE）无人机系统”。

BAE公司把“螳螂”比作HERTI，称它们为“重点放在了融入系统设计的自主等级和为有效部署使用而开发的操作概念上的下一代自主系统”。

BAE系统公司澳大利亚分部在“螳螂”项目中扮演的角色，按该公司的说法是，“地面系统（通过它可实现操作界面）中实时单元的设计和集成。‘螳螂’和HERTI的地面环境是基于ISR管理系统概念，该概念是由BAE系统公司澳大利亚分部通过一项为期三年内部资助的研发项目开发的。BAE系统公司澳大利亚分部一直负责一种‘智能自主’能力要素——自主飞行器管理系统（VMS）的开发、集成和技术支持。”

翼展超过65英尺的螳螂，体积大致等同于MQ-9“收割者”，并且展示其装备武器时的飞机组成使它在该方面看起来可与“收割者”相媲美。事实上，螳螂是为深度侵入、大范围的情报收集而设计的。并且如BAE公司

右图：达索公司的“神经元”无人作战飞机穿越一片的沙漠虚构景观。达索航空公司“神经元”AVED无人机的第一次全自主飞行于2008年6月30日进行。（达索公司）

所说，飞机可携带包括传感器和潜在武器等重要载荷。

虽然HERTI在战区客串了一回，但是“复仇女神”和“螳螂”在阿富汗的群山中积极作战时，一切还有待观察。

从2008年开始，BAE系统公司同时还在制造一架类似美国J-UCAS的武装飞机，名为“塔拉尼斯”，凯尔特语意思为“雷电之神”。在英国战略无人机（实验性）项目（SUAV[E]）下开发，“塔拉尼斯”以BAE系统公司作为主承包商，前通用电气航空系统公司的史密斯航空组件部门提供电气子系统，奎奈蒂克公司负责 “UCAV飞行自主”。大部分碳纤维机身部件是在BAE系统公司位于萨默斯伯里的特种工程复合材料工厂（SECF）制造的。

BAE公司项目总监的克里斯·阿拉姆说，“这是英国制造的第一架在这个级别中具有这种能力水平的无人机。”他指出，“塔拉尼斯”无人机专用一种劳斯莱斯公司的阿杜尔Mk.951涡扇发动机。

“塔拉尼斯”曾短暂地成为一则UFO报道事件的中心。在2009年1月9日，英国电讯报报道称，“公众普遍认为是不明飞行物毁坏了林肯郡的一台风力涡轮机。”另外还说，“林肯郡有很多空军基地和其他机场，而且‘红箭’飞行表演队的驻地英国皇家空军斯坎普顿基地靠近该风电场。但专家说飞机在碰撞中已解体，现场未发现任何残骸。据报道称当地没有飞机损坏或失踪。国防部否认了之前关于有新型‘塔拉尼斯’隐形无人机进行测试的报道，并证实了附近的唐纳测试场将于圣诞节至1月6日间对低空飞机关闭。”

当时，“塔拉尼斯”无人机尚未首飞。

BAE系统公司还开发了“恶魔”无人机作为该公司一项为期五年探索未来无人机技术的研究项目——无襟翼飞行器综合工业研究项目（FLAVIIR）的一部分。“恶魔”飞机具有一种新型的气动控制系统，该系统利用发动机排气和喷射空气来提供通常由襟翼、副翼和升降舵提供的空气动力。它被称为世界上第一架“无襟翼”飞机。2010年9月“恶魔”从英国沿岸的沃尔尼岛进行首飞。

与此同时，在欧洲大陆有几种等同于美国J-UCAS的飞机正在开发。值得注意的是德国和西班牙联合研制的“梭鱼”（也拼写为Barrakuda），和法国、瑞典以及意大利联合研制的“神经元”（也拼写为nEUROn）。“梭鱼”的主承包商是多国的欧洲宇航防务集团（EADS），而法国达索航空公司牵头负责“神经元”。“神经元”无人机演示型（法文缩写是AVED）的第一次全自主飞行于2008年6月30日进行。

“梭鱼”的开发相对保密，尽管它2006年曝光后被航空爱好者媒体和在德国主流新闻杂志《明镜周刊》广泛报道。正如媒体上讨论的，它显然

左图：EADS公司的“梭鱼”，由德国和西班牙联合开发并在德国生产，其飞行测试于2006年在伊比利亚半岛上一处偏僻地区进行。虽然第1架原型机在2006年出事故了，2009年第2架原型机在拉布拉多的鹅湾接着试飞。这张照片于2006年在德国曼兴的EADS工厂拍摄（原梅塞施米特-包尔科-布鲁门 ）里拍摄。（GNU免费文档许可授权，让·帕特里克·东泽摄）

是一架主要作为侦察平台又可以加入攻击能力的技术验证机。EADS军用航空系统业务部门负责人罗尔夫·维尔茨博士说，这架实验性飞机是由一台加拿大普惠公司的涡扇发动机提供动力的。他描述这架飞机约25英尺长，翼展超过23英尺，最大起飞重量约6600磅。

飞机在德国慕尼黑附近德国航空航天公司（EADS公司的前身）的工厂里制造并初步测试。之前的照片显示“梭鱼”（99+80系列）机身绘有德国空军标志，而机尾绘有德国和西班牙国旗。

2006年4月开始的飞行试验在西班牙一家遥远的工厂进行。EADS的斯特凡·佐勒博士说，“随着我们这架无人高性能军用系统的技术演示型飞机的首飞，我们相信通往我们未来全球市场最具前景的业务之一的大门已经敞开。我们现在有另一套更强大的测试平台，这将使我们在这个极为重要的领域中的核心技术竞争力得到进一步发展。”

2006年9月，“梭鱼”验证机在西班牙圣哈维尔空军基地一次降落事故中损失了，据报道称是由于软件故障。尽管与EADS最初的声明相反，该公司于2008年又恢复该项目。第二架“梭鱼”（99+81系列）飞机的飞行试验项目于2009年7月在加拿大拉布拉多的古斯湾军用基地进行。

作为无人作战飞机大加渲染的“神经元”，主要是由达索公司1999年进行的Logiduc（LOGIDUC）项目演变而来的。LOGIDUC项目（无人作战飞机开发解决方案）是一项公司内部发起项目，最初由AVE-D小公爵等一系列飞机演变而来的。在2000年7月进行首飞的LOGIDUC据说是欧洲第一架隐身无人机。随后，其更大型的变种是2001年的AVE-C中公爵和中公爵

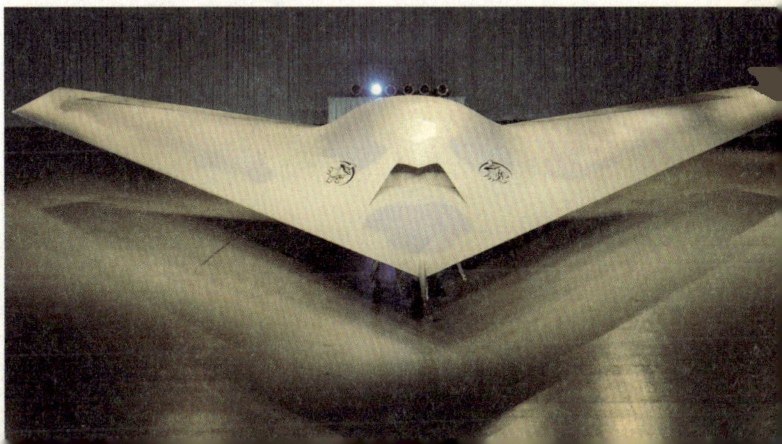

右图：2010年5月10日，波音公司自筹经费的“幻影射线”公开亮相。（波音鬼怪工厂通讯部，克里斯·哈多克斯提供）

的全尺寸变种大公爵，大公爵在2003年更名为“神经元”。

瑞典萨博航空航天公司于2005年加入该项目，该公司之前已开发了其后掠翼型高性能无人机，称为SHARC（瑞典高度先进研究布局）。SHARC的演示型进行飞行，并验证了诸如自主起降和萨博公司所谓的“自主决策”能力。

达索公司是“神经元”50%的主承包商，负责整体架构与设计、飞行控制系统和总装。萨博公司是25%的分承包商，负责装配机身和航空电子设备。意大利的阿莱尼亚航空公司于2006年加入该项目，有22%的份额，负责电气系统、武器发射系统和集成武器舱。这三家公司均参与了飞行测试。其他分承包商包括西班牙的EADS CASA、希腊的希腊人航空航天公司、瑞士RUAG公司和法国的泰雷兹公司。

在美国，DARPA“秃鹰”项目中“奥德修斯”高空长航时飞机开发商极光飞行科学公司，提出了其高速垂直起降型“神剑”飞机方案，改型机被公司描述为“提供战术空中支援”而设计的“特制武装战术无人机”。“这类任务的武器装备包括AGM-114‘地狱火’导弹、GBU-41‘毒蛇’攻击型激光制导智能炸弹、高精度杀伤武器系统（APKWS），或超过4400磅重的混合武器载荷能力。”

美国陆军航空应用技术理事会和海军研究办公室共同承包开发的“神剑”半尺寸“概念验证机”于2009年6月24日在马里兰州美国陆军阿伯丁验证场进行首次自主飞行。据极光公司的说法，飞机采用“具有三台电动升降风扇的喷气垂直起降机”协同提供“姿态控制和悬停推力的重要部分”。

拥有了这种涡轮电动混合动力推进系统，全尺寸飞机具备垂直起降的能力，在水平飞行中能实现每小时500英里以上的前进速度。其升限是40000英尺，比MQ-1B“捕食者”或MQ-1C“空中勇士”要高，和X-45或X-47一样。

右图：波音“幻影射线”无人空战系统在飞行中的艺术想象图。（波音鬼怪工厂通讯部，克里斯·哈多克斯提供）

正是由于在UCAV和J-UCAS官方庇护下的波音公司和诺斯罗普·格鲁门公司所得出的经验，许多飞机都得以演变。特别要说的是波音公司的“幻影射线”项目。

“幻影射线”实质上是波音X-45C的发展，2006年J-UCAS项目终止时，第一架X-45C已几乎完成。“我们将把最新的技术引入杰出的X-45C机体设计中。”波音公司鬼怪工厂的部门之一先进军用飞机部副总裁戴维·库柏史密斯说，“‘幻影射线’通过进一步证明波音公司在当前宇航系统的发展水平下开发适用于战斗机的无人系统的能力，将从2006年UCAS项目停下的地方继续发展。”

正如《航空周刊》的格雷厄姆·沃里克在2009年5月写的那样，“如果（幻影射线）飞机看起来似曾相识，那是因为它便是早在2006年[J-UCAS]项目取消时已完成但从未飞过的X-45C。‘幻影射线’是在美国国防部长罗伯特·盖茨4月7日关于（下一代轰炸机）项目延期的声明之后紧接着公布的，盖茨的意见是也许未来的空军轰炸机可以是无人的。实际上，我们又回到2006年3月之前，那时J-UCAS项目正计划验证未来的无人攻击/侦察平台技术。”

波音“幻影射线”期待已久的首次飞行于2011年4月27日在加州爱德华兹空军基地进行，十年前X-45A飞机在同一地点做过测试。这次飞行历时17分钟，此间“幻影射线”达到了7500英尺的飞行高度和超过每小时200英里飞行速度。

同时，UCAV/J-UCAS的概念也出现在美国海军的海军无人空战系

左图：2009年4月4日在加州的帕姆代尔，通用原子公司的“捕食者Ç”即“复仇者”从公司灰色孤丘飞行厂里完成首次试飞。正如该公司所述，设计开发宗旨是为美国空军和其他潜在客户提供一种扩展的快速反应武装侦察能力。（通用原子能公司）

统（UCAV-N）航母验证机项目中。在该项目中，诺斯罗普·格鲁门公司X-47B将是在第一架在航母上进行自主操作的隐身武装无人机。

然而，对于所有关于隐身武装无人作战飞机的争论，当武装无人机可以作战部署时，通用原子公司在21世纪第一个十年到来时一贯地身先士卒做出探索。MQ-1B“捕食者”、MQ-1C“空中勇士”和MQ-9“收割者”已经在执行日常任务和消灭真正的威胁，而无数其他的概念机还仅停留在绘图板和测试场上。

通用原子的“复仇者”，也是“捕食者”和“收割者”喷气推进型的同族，于2009年4月4日完成首次试飞。“复仇者”最初称为“捕食者C”，由加拿大普惠公司PW545B发动机来提供4800磅的推力，其排气管由雷达偏转V型尾翼进行屏蔽。

“复仇者”的机身设计引入了许多其他特点来减少其雷达特征，比如它没有螺旋桨。在减少雷达特征方面特别值得注意的是，总共3000磅的载荷能力中有一个载重500磅的内部武器舱。正如通用原子公司的汤姆·卡西迪所说，可以去掉舱门来安装一个侦察吊舱或副油箱。

正如大卫·弗尔吉姆和比尔·斯威特曼在2009年4月20日发行的《航空周刊》中所指出的，普惠公司“已开发出一种既能避免雷达观测又帮助冷却以减少红外特征的S形排气管。发动机舱的驼型设计为消除发动机雷达特征的蛇形排气管提供了足够的空间。（复仇者）弯曲的后沿为梯形机翼提供了气动和结构上的好处，并有助于发动机进气口屏蔽雷达信号。倾斜的上部和有力的身体两侧交汇成一条尖锐的脊线，从机头一直到机尾，因而避免了弧形侧面造成的雷达截面聚集点”。

同样重要的是通用原子设计的“复仇者”机翼可以折叠，便于在机库或航空母舰上存放，此外飞机还配备了尾钩。因此潜在的大量客户甚至要比“捕食者”和“收割者”的客户范围更广。

弗尔吉姆和斯威特曼写到“复仇者”可能让那些担心它成为国会上作战飞机经费重要竞争者的人皱眉头。他们引用国防部长罗伯特·盖茨和参谋长联席会议副主席海军陆战队詹姆斯·卡特赖特将军关于将武装无人机列入战斗机部队体系的决定。正如他们在《航空周刊》写到的，“评论家将此看做一次由经济驱使而不是出于军事考虑的错误的第一步，这将导致‘收割者’和后来的‘捕食者’取代F-35联合战斗攻击机。”

在21世纪第二个十年，一种绝密且高度先进隐身无人机被广为人知，它便是洛克希德·马丁公司的RQ-170“哨兵”。报道称RQ-170由美国空军和中央情报局共同操作使用，采用一种不连续的“RQ”标识符，就像上一代秘密研制的F-117隐形战斗机采用了不连续的“F”标识符一样。

作为洛克希德·马丁公司先进发展项目（ADP）组成部分，臭鼬工厂的产品“哨兵”看起来像起源于公司早期的隐身无人机项目RQ-3“暗星”和“臭鼬”，它也是无尾飞翼型。《航空周刊》的大卫·弗尔吉姆将其描

下图：极光飞行科学公司用来申请DARPA“秃鹰”项目的“奥德修斯”，其中可折叠的“Z”翼型结构白日通过太阳能供电并储存为夜间提供动力，该飞机能够在平流层飞行长达5年。（极光飞行科学公司）

述为“战术型、以行动为导向的平台，并不是单为战略情报采集而设计的”，并指出“RQ”标识符意味着它是非武装型。然而，这并不排除当前或未来出现MQ-170变种的可能。

根据2010年12月发行的《美国空军情况简报》，“哨兵”由基地在内华达州托诺帕测试区机场的第30侦察中队使用，该中队是位于内华达州克里奇空军基地第432空中远征联队的组成部分，负责在阿富汗的“捕食者”和“收割者”。第30中队的血统可以追溯到1943年，在1976年被撤销后于2005年被重新组建。

在情况简报发布之前，在2009年韩国《中央日报》12月19日发表的文章报道，这架飞机由乌山空军基地的美国空军指挥。据推测，RQ-170将会进行专门配置以检测和监控朝鲜的弹道导弹试验，以及可能的核试验。

RQ-170后来被证实在从阿富汗坎大哈起飞执行作战任务，尽管没有发布官方照片。据《航空周刊》和其他国防出版物报道，这架神秘飞机非官方名称为“坎大哈野兽”。

2011年5月，在巴基斯坦阿伯塔巴德对本·拉登藏身的院子发起突然袭

下图：BAE系统公司“雷神”（Taranis）无人机的艺术化表现视图，类似于美国“幻影射线”和X-47B的无人作战飞机验证机，能携带多种武器半自主地执行跨洲任务。（BAE系统公司）

击时，RQ-170为美国海军特种作战发展小组（海豹6队）提供了攻击前的侦察数据。还据说传送到华盛顿特区美国国家指挥机关的实时视频图像是由高空盘旋的“哨兵”上的机载摄像机获取的。

七个月后，在2011年12月，伊朗武装部队俘虏了一架在伊朗领空飞行中坠落的RQ-170。后来在伊朗电视台播放的视频中有一架类似RQ-170飞机的影像，然而没有战斗损伤表明它不是被击落的。美国官方随后证实在该地区损失了一架侦察飞机，并宣称这架飞机是“在阿富汗西部上空执行飞行任务”时失去控制的。尽管最初的报告中没有提到飞机的类型，后来被证实确实是一架“哨兵”。

美联社12月13日报道称，美国政府正式要求伊朗归还无人机，但被伊朗断然拒绝。五天后，伊朗法尔斯新闻社刊登的一份报道称，伊朗国防部正式宣布被击落的无人机归伊朗所有。在2012年4月22日，美联社刊登了一则新闻标题为“伊朗称他们正在仿制被俘的美军无人机”。

RQ-170在伊朗丢失的事件暗示着它正在监视伊朗的核武器项目，这是无人机历史上的重要时刻。事实上，隐身的RQ-170本身就是无人机技术史上的重要一部分。它如同早在20世纪80年代洛克希德臭鼬工厂的另一款产品F-117隐形战斗机一样意义重大。这是一个引起大众文化想象的秘密项目，一部分是因为它的神秘，一部分是因为技术。

与此同时，武装无人机继续在军事历史的演变中浓墨重彩。作为对付特定的高价值目标的武器，2011年9月在也门沙漠干掉了恐怖主义激进分子安瓦尔·奥拉基和萨米尔·汗，这将永远在武装无人机发展中的里程碑上被回顾。

就像一个世纪以前的军用飞机一样，无人战斗机也已经扬名立万，它们在21世纪的战场上为自己赢得了永久的地位。无人机在中东和西南亚战场上不仅例行实施侦察，还遂行打击任务，决定了它们在现代战争理论和主流文化认识中的角色。

# 附录1

# 无人飞行器指标（摘选）

（注：所附数据来自于不同渠道，仅作为近似值以供参考）

## MQ-1B“捕食者”

**生产商：**通用原子公司航空系统公司
**用户分类：**美国空军“蒂尔II”，中空，长航时（MALE）
**动力装置：**Rotax 914F四缸发动机（115马力）
**翼展：**55.25英尺（16.8米）
**机身长：**27英尺（8.22米）
**机身高：**6.9英尺（2.1米）
**重量：**1130磅（512千克）
**最大起飞重量：**2250磅（1020千克）
**有效任务载荷：**450磅（204千克）
**速度：**巡航，84英里/小时（135千米/小时）；最大，135英里/小时（215千米/小时）
**升限：**25000英尺（7620米）
**作战半径：**454英里（730千米）
**续航时间：**40小时（最大）
**武器载荷：**2枚激光制导的AGM-114“地狱火”导弹

## MQ-1C“天空勇士”

**生产商：**通用原子航空系统公司
**用户分类：**美国陆军“蒂尔III”，拓展作战半径，多用途（ERMP）
**动力装置：**蒂勒尔特（Thielert）柴油发动机（135马力）
**翼展：**56英尺（17米）
**机身长：**26英尺（8米）
**机身高：**6.9英尺（2.1米）
**最大起飞重量：**3200磅（1451千克）
**速度：**155英里/小时（250千米/小时）
**升限：**29000英尺（8800米）
**武器载荷：**4枚AGM-114“地狱火”导弹

## MQ-9“收割者”

**生产商：**通用原子航空系统公司
**用户分类：**美国空军“蒂尔II”，中空，长航时（MALE）
**动力装置：**霍尼韦尔TPE331-10GD涡轮螺旋桨发动机（900轴马力）
**翼展：**66英尺（20.1米）
**机身长：**36英尺（11米）
**机身长高：**12.5英尺（3.8米）
**重量：**4900磅（2223千克），空重
**最大起飞重量：**10500磅（4760千克）
**有效任务载荷：**3750磅（1701千克）
**速度：**巡航，230英里/小时（370千米/小时）
**升限：**50000英尺（15240米）
**作战半径：**3682英里（3200海里）
**续航时间：**40小时（14小时，武器全装载）
**武器载荷：**AGM-114“地狱火”导弹，GBU-12 Paveway II 和GBU-38联合直接攻击武器（JDAM）的组合

## RQ-4“全球鹰”

**生产商：**诺斯罗普·格鲁门公司（主要），雷声，L3通信
**用户分类：**美国空军“蒂尔II+”，高空，长航时（HALE）
**动力装置：**罗·罗-北美AE3007H涡轮风扇发动机（7600磅推力）
**翼展（批次10）：**116.2英尺（35.4米）
**翼展（批次20/30/40）：**130.9英尺（39.9米）
**机身长（批次10）：**44.4英尺（13.5米）
**机身高（批次20/30/40）：**47.6英尺（14.5米）
**机身长（批次10）：**14.6英尺（4.2米）
**机身高（批次20/30/40）：**15.4英尺（4.7米）
**重量（批次10）：**26700磅（12111千克）
**重量（批次20/30/40）：**14950磅（6781千克）
**最大起飞重量（批次10）：**26750磅（12133千克）
**最大起飞重量（批次20/30/40）：**32250磅（14628千克）
**有效任务载荷（批次10）：**2000磅（907千克）
**有效任务载荷（批次20/30/40）：**3000磅（1360千克）
**速度（巡航）（批次10）：**395英里/小时（635千米/小时）
**速度（巡航）（批次20/30/40）：**357英里/小时（575千米/小时）
**升限：**65000英尺（19800米）
**最大作用距离（批次10）：**13817英里（22236千米）
**最大作用距离（批次20/30/40）：**14155英里（22780千米）
**续航时间：**大于42小时（额定续航时间为24小时）
**武器载荷：**未说明

## RQ-7“影子”

**生产商：**AAI公司[达信集团（Textron）的部门之一]
**用户分类：**美国陆军和海军陆战队的“蒂尔II”
**动力装置：**汪克尔（Wankel）无人机发动机741（38马力）
**翼展：**11.2英尺（3.41米）
**机身长：**14英尺（4.27米）
**机身高：**3.3英尺（1米）
**重量：**186磅（84千克）
**有效任务载荷：**60磅（27千克）
**升限：**15000英尺（4600米）
**作战半径：**27英里（43千米）
**续航时间：**6.1小时
**武器载荷：**未说明

## X-45A无人战斗机

**生产商：**波音公司
**动力装置：**霍尼韦尔F124-GA-100涡扇发动机（6300磅推力）
**翼展：**26英尺6英寸（8.08米）
**机身长：**33英尺10英寸（10.3米）
**机身高：**3.7英尺（1.13米）
**重量：**8000磅（3630千克）
**最大起飞重量：**12190磅（5528千克）
**有效任务载荷：**1500磅（680千克）
**速度：**0.75马赫
**升限：**35000英尺（10700米）
**作战半径：**570英里（920千米）
**武器载荷：**1500磅（680千克）的测试武器

## X-45C无人机战斗机系统

**生产商**：波音公司
**动力装置**：通用电气的F404-GE-102D涡扇发动机（7000磅推力）
**翼展**：49英尺（14.9米）
**机身长**：39英尺（11.9米）
**机身高**：4英尺（1.2米）
**最大起飞重量**：36500磅（16600千克）
**有效任务载荷**：4500磅（2040千克）
**速度**：0.85马赫
**升限**：40000英尺（12200米）
**任务半径**：1500英里（2400千米）
**武器载荷**：2枚GBU-31 JDAM制导炸弹

## X-47A"飞马座"

**生产商**：诺斯罗普·格鲁曼公司
**动力装置**：Pratt & Whitney F100-PW-220U涡扇（16000磅推力）
**翼展**：27.8英尺（8.47米）
**机身长**：27.9英尺（8.50米）
**重量**：3836磅（1740千克）
**最大起飞重量**：5500磅（2500千克）
**速度**：亚音速
**升限**：40000英尺（12192米）
**作战半径**：1726英里（2778千米）
**武器载荷**：未说明

## X-47B"飞马座"

**生产商**：诺斯罗普·格鲁门公司（Northrop Grumman）
**动力装置**：Pratt & Whitney F100-PW-220U涡扇发动机（16000磅推力）
**翼展**：62.1英尺（18.92米）
**机身长**：38.2英尺（11.63米）
**机身高**：10.4英尺（3.10米）
**重量**：14000磅（6350千克）
**最大起飞重量**：44567磅（20215千克）
**有效任务载荷**：4500磅（2040千克）
**速度**：高亚音速
**升限**：40000英尺（12190米）
**作战半径**：4000英里（6500千米）
**武器载荷**：2枚GBU-31 JDAM制导炸弹

## MQ-8B“火力侦察兵”

**生产商：**诺斯罗普·格鲁门公司（Northrop Grumman）
**动力装置：**罗·罗公司250-C20涡轴发动机（900轴马力）
**主马达直径：**27英尺6英寸（8.4米）
**机身长（折叠）：**22.87英尺（6.97米）
**机身高：**9.42英尺（2.9米）
**全重：**3150磅（1430千克）
**有效任务载荷：**600磅（270千克）
**速度：**125英里/小时（200千米/小时）
**升限：**20000英尺（6100米）
**续航时间：**8小时，200磅的有效任务载荷
**武器载荷：**2.75英尺，先进精确打击武器系统火箭（APKWS）

## CQ-10A“雪燕”

**生产商：**加拿大米斯特机动集成系统技术公司（MMIST）
**动力装置：**Rotax 914活塞发动机（110马力）
**主马达直径：**
**机身长：**9英尺6英寸（2.9米）
**重量（空重）：**600磅（270千克）
**重量（全）：**1400磅（635千克）
**速度：**38英里/小时（61千米/小时）
**作战半径：**185英里（300千米）（75磅有效任务载荷）
**升限：**大于18000英尺（5500米）
**武器载荷：**未说明

## MQ-18A“蜂鸟”

**生产商：**波音（起源于前沿系统公司）
**动力装置：**Pratt & Whitney PW207D涡轴发动机（710马力）
**主马达直径：**36英尺（11米）
**机身长：**35英尺（10.7米）
**重量（空）：**2500磅（1134千克）
**重量（全）：**6500磅（2948千克）
**速度：**160英里/小时（258千米/小时）
**升限：**20000～30000英尺（6100～9150米）
**续航时间：**20小时以上
**武器载荷：**未说明

## “扫描鹰”（ScanEagle）

**生产商：**英西图/波音公司
**用户分类：**美国海军和海军陆战队“蒂尔II”
**动力装置：**Sonex Research（1.9马力）
**翼展：**10.2英尺（3.11米）
**机身长：**4.5英尺（1.37米）
**重量：**28.8磅（13.1千克）
**最大起飞重量：**44磅（20千克）
**升限：**19500英尺（5944米）
**速度：**90英里/小时（150千米/小时）
**续航时间：**大于24小时
**武器载荷：**未说明

## CU-170“苍鹭”（Heron）

**生产商：**以色列航空工业
**动力装置：**Rotax 914（115马力）
**翼展：**54英尺5英尺（16.6米）
**机身长：**27英尺10英尺（8.5米）
**最大起飞重量：**2530磅（1150千克）
**有效任务载荷：**550磅（250千克）
**最高速度：**138英里/小时（222千米/小时）
**巡航速度：**75英里/小时（120千米/小时）
**升限：**32800英尺（10000米）
**作战半径：**217英里（350千米）
**续航时间：**大于24小时
**武器载荷：**未说明

## “隼”（Falco）

**生产商：**赛莱克斯·伽利略（SELEX Galileo），意大利（合作商，巴基斯坦航空联合体）
**动力装置：**UAV Engines Ltd，汽油发动机（65马力）
**翼展：**23.6英尺（7.20米）
**机身长：**17.2英尺（5.25米）
**机身高：**6英尺（1.80米）
**最大起飞重量：**926磅（420千克）
**有效任务载荷：**155磅（70千克）
**升限：**21325英尺（6500米）
**速度：**135英里/小时（217千米/小时）
**续航时间：**小于14小时
**武器载荷：**未说明

## S-100“坎姆考普特”（Camcopter）

**生产商：**西贝公司（Schiebel），奥地利
**动力装置：**钻石发动机（55马力）
**主马达直径：**133.9英尺（40.5米）
**机身长：**122英尺（37.2米）
**机身高：**44英尺（13.4米）
**最大起飞重量：**440磅（200千克）
**有效任务载荷：**110磅（50千克）
**速度：**140英里/小时（220千米/小时）
**作战半径最大：**112英里（180千米）
**升限：**18000英尺（5500米）
**续航时间：**6小时，具有75磅（34千克）有效任务载荷能力
**武器载荷：**未说明

## “神剑”（Excalibur）

**生产商：**极光飞行科学
**动力装置：**威廉姆斯F415涡扇发动机（700磅推力）/3个12千瓦的电池供电推力风扇
**翼展：**30英尺（9.1米）
**翼展（推力风扇缩回）：**21英尺（6.4米）
**机身长：**26英尺（7.9米）
**最大起飞重量：**2600磅（1180千克）
**有效任务载荷：**400磅（182千克）
**速度：**500英里/小时（800千米/小时）
**升限：**40000英尺（12200米）
**续航时间：**3小时
**武器载荷：**AGM-114地狱火导弹，GBU-41“蝰蛇打击”激光制导智能炸弹，先进精确打击武器系统（APKWS）

## 复仇者（“捕食者”C）

**生产商：**通用原子公司航空系统公司
**动力装置：**Pratt & Whitney Canada PW545B涡扇发动机（4800磅推力）
**翼展：**66英尺（20.12米）
**机身长：**41英尺（12.50米）
**有效任务载荷：**3000磅（1360.78千克）
**速度：**460英里/小时（740千米/小时）
**使用高度：**60000英尺（18288米）
**续航时间：**20小时（另外2小时，用于炸弹仓燃料箱）
**武器载荷：**AGM-114地狱火，GBU-24“宝石路”III，GBU-31 JDAM，GBU-38小型直径炸弹

## 附录2

# 美国军用无人机清单

（1997年后“Q”标志的系统）

RQ-1A/B　通用原子航空系统公司“捕食者”（Predator）

MQ-1B　通用原子航空系统公司“捕食者”（Predator）

MQ-1C　通用原子航空系统公司“天空勇士”（Warrior）

RQ-2A/B/C　以色列飞机工业公司（IAI）“先锋”（Pioneer）

RQ-3A　洛克西德·马丁公司“暗星”（DarkStar）

RQ-4A/B　诺斯罗普·格鲁门公司（特里达因·瑞安）“全球鹰”（GlobalHawk）

RQ-5A和MQ-5A/B（前身是BQM-155A）

　　诺斯罗普·格鲁门公司（TRW/IAI公司）“捕食者”

RQ-6A　阿连特技术系统公司“警卫”（OutRider）

RQ-7A/B　AAI防务系统公司“影子”200（Shadow）

RQ-8A/MQ-8B　诺斯罗普·格鲁门公司“火力侦察兵”（Fire Scout）

MQ-9A　通用原子航空系统公司“收割者”（Reaper）

CQ-10A　加拿大米斯特机动集成系统技术公司（MMIST）“雪燕”（Snow Goose）

RQ-11A/B　航空环境公司“渡鸦”（Raven）

Q-12（编号尚未使用）

Q-13（编号尚未使用）

RQ-14A　航空环境公司“龙眼”（Dragon Eye）

RQ-14B　航空环境公司“雨燕”（Swift）

RQ-15A　DRS“牵牛星”（Neptune）

YRQ-16A　霍尼韦尔的MAV系统（MAV，陆军称之为T-鹰）

XMQ-17A　MTC技术公司（2008年并入英国BAE公司）“侦察鹰”（SpyHawk）

YMQ-18A　波音公司A160T“蜂鸟”（Hummingbird）

注：一些已使用的无人机，如波音/英西图的“扫描鹰”在本书出版时尚未得到官方正式编号。